最旬クロッシェ小物

LAGOON

長井 萌

文化出版局

海がすき。
太陽がすき。

風に乗って届く潮の香りや、波の音、歩くとさらさらと足を包み込む砂浜を心地よく感じる。
本書では " 海岸沿いで暮らす女性の休日 " をイメージした
シンプルでヘルシーなスタイルの作品をご提案します。

幼いときから毛糸とかぎ針がいつも身近にありました。
母が編み物が好きだったから。
覚えていないくらいに自然に、いつからか私もかぎ針を握っていました。
それが編み物ライフのはじまり。

以来、編み物はずっと続けていましたが、
Instagram を始めたことをきっかけに一気にものづくりの視野が広がりました。

マニラヘンプヤーンを知ったときは、マットでリアルな質感に一瞬で魅了されました。
何を作ろう、どの色にしよう、と気持ちが高ぶったのをよく覚えています。

用意するのはお気に入りの糸とかぎ針 1 本だけ。
はじめやすいのがかぎ針編みのいいところです。

はじめてかぎ針編みをするかたから
かぎ針編みに慣れ親しんだかたにも
わくわくした編み物時間を楽しんでいただけたらうれしく思います。

LAGOON 長井 萌

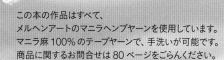

この本の作品はすべて、
メルヘンアートのマニラヘンプヤーンを使用しています。
マニラ麻100％のテープヤーンで、手洗いが可能です。
商品に関するお問合せは80ページをごらんください。

A

ババリアンクロッシ
ェを旬のテトラバッ
グにしました。段を
重ねるごとに浮かび
上がる模様が、編ん
で楽しい一作です。

how to make → p.38

B

中央のヘリンボーン
は、力をかけずに糸
を長めに引き出すこ
とで立体感が生まれ
ます。ブラックなど
の濃いめの色で編む
のもおすすめ。

how to make → p.40

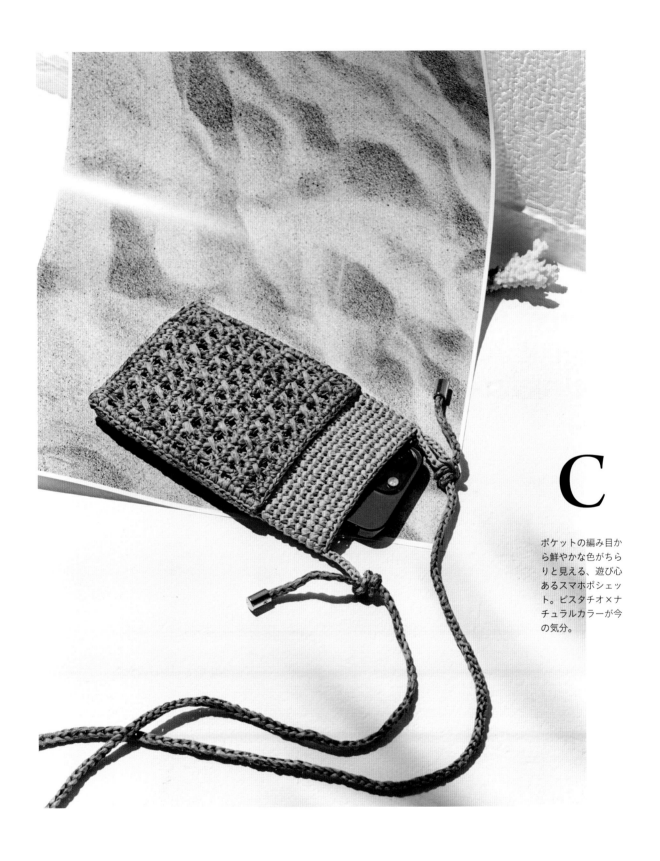

C

ポケットの編み目から鮮やかな色がちらりと見える、遊び心あるスマホポシェット。ピスタチオ×ナチュラルカラーが今の気分。

how to make → p.42

D ボリューミーなフリ
ンジが目を引くマル
シェバッグ。太陽と
風を心地よく感じる
夏のリゾートスタイ
ルに大活躍。

how to make → *p.44*

E

ネットに編みつけて
作る強度バッチリの
ボストンバッグ。編
みつける糸を充分に
引き出して弾力ある
編み目を作ります。

how to make → p.47

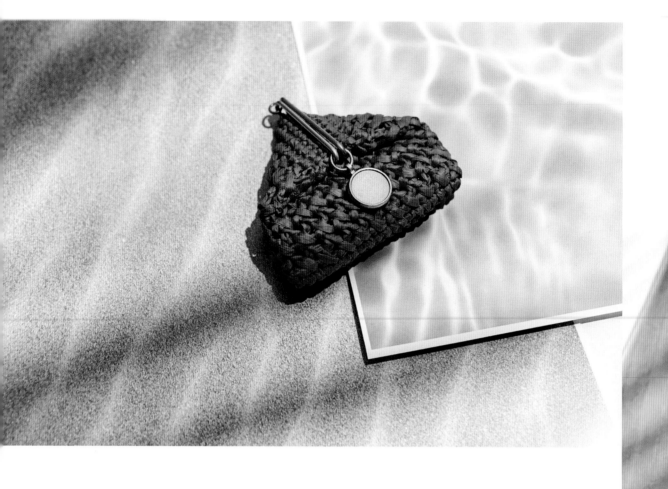

F

中央のチャームをス
ライドさせて開閉す
る、どこか懐かしい
雰囲気のポーチ。立
体的なテクスチャー
は太めの針でふんわ
り編んで。

how to make → p.52

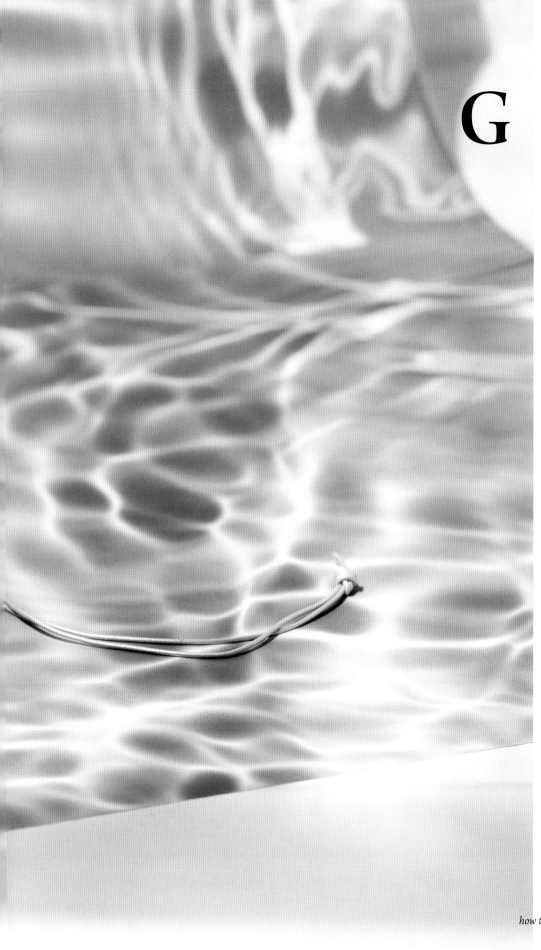

G

鮮やかなカラーリングが元気を与えてくれるマルチボーダー。基本の編み方だけで編めるので、トライしやすいバッグです。

how to make → p.54

H

控えめなダイヤ柄の
透し模様がおしゃれ
なショルダーバッグ。
キレイめにもカジュ
アルにも決まる最強
アイテム。

how to make → p.56

I

シンプルなフラット
バッグを華やかに演
出するレース模様の
ハンドル。バッグ本
体は糸を広げながら
下の目をおおうよう
なイメージで編んで。

how to make → p.53

J

ほんのりグレーがか
ったニュアンスカラ
ーで、額縁のような
フォルムのバッグ。
華奢なチェーンを合
わせて大人っぽく。

*how to make → p.*58

K

滑らかなしずく形の
モチーフは、細編み
の高さに強弱をつけ
て輪郭を作ります。
目を詰めて編むと形
くずれしません。

how to make → p.60

L はじけるようなビビッドカラーとベーシックカラーを引きそろえた表情豊かな色づかいのバッグ。レザーの底板を使っているから強度も◎。

how to make → p.62

M

3つのポケットはそれぞれカードが入るサイジング。パーツを重ねて一度にとじることで厚みを抑えた仕上りに。

how to make → p.64

N

大胆な透し模様が涼
しげなネットバッグ
は、夏のビーチリゾー
トにぴったりなアイ
テム。お気に入りの
ビーチタオルやポー
チを見せて楽しんで。

how to make → p.66

O

アクセサリー感覚で
持ちたいスタイリッ
シュなデザインのミ
ニバッグ。スマホを
入れるのにちょうど
いいサイズ。

how to make → *p.60*

P

バッグインしていつ
も持っていたい愛ら
しいがま口ポーチ。
カンつきの口金にス
トラップをつければ
ショルダーバッグに。

how to make → p.68

Q ラタンのリングがアクセントのフラットバッグ。鎖目と長編みの頭の目をそろえて編むと規則正しい編み目になります。

how to make → p.70

R

貝殻のような模様が
印象的なクラッチ。
ゴールドのリングハ
ンドルで、大人リッ
チにアップグレード。

how to make → *p.72*

S

1玉で編めるキーケースは小さいながらも程よい編みごたえ。フラップの裏には補強の口布をつけてしっかり仕上げ。

how to make → p.74

使い勝手のいいばね
口ポーチは、プレゼ
ントに喜ばれるアイ
テム。ロングタイプ
はサングラスケース
やペンケースとして
ジャストサイズ。

how to make → p.76

U

コンパクトなサイズ
感が旬なハンドバッ
グ。海を連想させる
立体的なウェーブ模
様と丸いまちが新鮮。
コーディネートのア
クセントに。

how to make → p.78

LESSON

きれいな編み目のコツ

LAGOONの作品の編み目は1目1目がふっくらして、
目と目の間にすきまがなく、細編みの頭がキュッと締まっています。
ここでは細編みをきれいに編むコツを紹介します。

細編みの場合

1 引き出す糸を指先で広げます。糸がねじれていたら糸玉を回します。

2 前段の細編みの頭2本に手前から針を入れ、糸の下から向うにかけます。

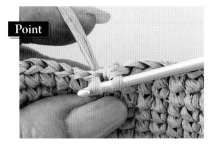

3 糸を手前に引き出します。このとき針にかかっている目がゆるまないように注意します。

4 引き出した糸を針にかかっている目と同じ高さにそろえて、針に糸をかけます。このとき向う側に少し反らせるようなイメージで、糸の張りを意識します。

5 2ループから糸を引き出します。このとき針を立てて細編みの頭がゆるまないようにし、針を立てたまま針先を動かして、糸を引き出します。

6 細編みが編めました。1～5を繰り返します。

Good! LAGOONの編み地

表を見て輪に編んだところ。目と目の間にすきまがなく編み目がそろっています。

Bad 参考例

目と目の間にすきまができてしまった例です。糸がねじれたまま、充分に糸を引き出さずに編んだり、針にかかっている目がゆるむとこのようになります。

かぎ針編みの基礎

【糸の持ち方】

長いほうの糸を小指側にして、人さし指と小指にかけ、親指と中指で糸端から5〜6cmのところを押さえます

【針の持ち方】

針先から4cmくらいのところを親指と人さし指で軽く持ち、次に中指を針の上に添えます

【作り目】

	1	**2**	**3**	**4**	**5**
鎖の作り目	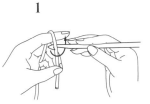				

鎖の作り目

1 左手にかけた編み糸に針を内側から入れて糸をねじります

2 人さし指にかかっている糸を針にかけて引き出します

3 針に糸ををかけて引き出します

4 5 繰り返して必要目数編みます

鎖目からの拾い方

立上り鎖3目
台の目

鎖状になっているほうを下に向け、鎖半目と裏山に針を入れます

半目と裏山を拾う

作り目からの拾い目は鎖半目と裏山に針を入れます。作り目の反対側を拾うときは、残った鎖半目を拾います

2重の輪の作り目

1	**2**	**3**	**4**
	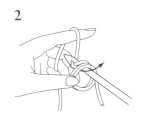		

1 指に2回巻きます

2 糸端を手前にして、輪の中から糸を引き出します

3 1目編みます。この目は立上りの目の数に入れます

輪の作り目に細編みを編み入れる

1	**2**	**3**	**4**
	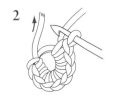	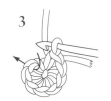	

1 輪の作り目をして鎖1目で立ち上がり、輪の中に針を入れて細編みを必要目数編みます

2 1段めを編み入れたら糸端を少し引っ張り小さくなったほうの輪を引いて、さらに糸端を引き、輪を引き締めます

3 最初の目の頭2本に針を入れて糸をかけて引き抜きます

4 1段めが編めたところ

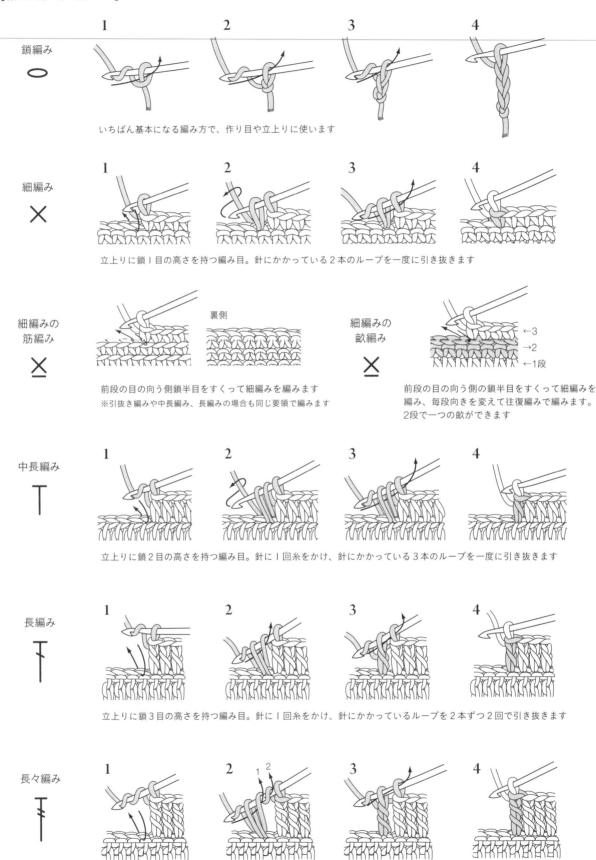

鎖編み ○

　　　　1　　　2　　　3　　　4

いちばん基本になる編み方で、作り目や立上りに使います

細編み ×

　　　　1　　　2　　　3　　　4

立上りに鎖1目の高さを持つ編み目。針にかかっている2本のループを一度に引き抜きます

細編みの
筋編み ✕

裏側

前段の目の向う側鎖半目をすくって細編みを編みます
※引抜き編みや中長編み、長編みの場合も同じ要領で編みます

細編みの
畝編み ⊻

←3
→2
←1段

前段の目の向う側の鎖半目をすくって細編みを
編み、毎段向きを変えて往復編みで編みます。
2段で一つの畝ができます

中長編み ⊤

　　　　1　　　2　　　3　　　4

立上りに鎖2目の高さを持つ編み目。針に1回糸をかけ、針にかかっている3本のループを一度に引き抜きます

長編み ⊤̸

　　　　1　　　2　　　3　　　4

立上りに鎖3目の高さを持つ編み目。針に1回糸をかけ、針にかかっているループを2本ずつ2回で引き抜きます

長々編み

　　　　1　　　2　　　3　　　4

立上りに鎖4目の高さを持つ編み目。針にかかっているループを2本ずつ3回で引き抜きます

引抜き編み

1 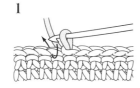　**2** 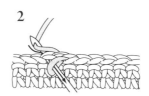　**3**

前段の編み目の頭に針を入れ、糸をかけて一度に引き抜きます

細編み2目
編み入れる

1 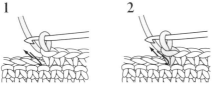　**2**　**3** 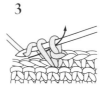　**4**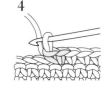

前段の1目に細編み2目編み入れ、1目増します
※ は細編み3目編み入れます

長編み2目
編み入れる

1 　**2** 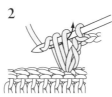　**3** 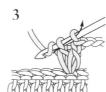　**4**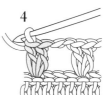

前段の1目に長編み2目編み入れ、1目増します
※中長編み、引上げ編みの場合も同じ要領で編みます

細編み2目一度

1 　**2** 　**3** 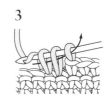　**4**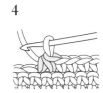

糸を引き出しただけの未完成の2目を、針に糸をかけて一度に引き抜きます。1目減ります

細編み3目一度

1 　**2** 　**3**

糸を引き出しただけの未完成の3目を、針に糸をかけて一度に引き抜きます。2目減ります

長編み2目一度

1 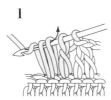　**2** 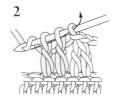　**3**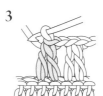

未完成の長編み2目を、針に糸をかけて一度に引き抜きます。1目減ります
※目数が異なる場合や、中長編み、引上げ編みの場合も同じ要領で編みます

長編み
交差編み

1 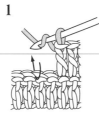 **2** 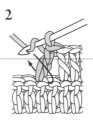 **3** 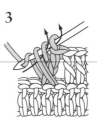 **4**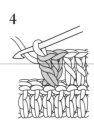

1目飛ばして長編みを編み、先に編んだ目をはさんで長編みを編みます

変り長編み
交差編み

1 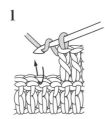 **2**  **3** 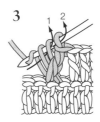 **4**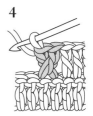

1目飛ばして長編みを編み、向うから1目手前に針を入れて長編みを編みます
※長編みの表引上げ編み、長編みの裏引上げ編みの場合も同じ要領で編みます

長編みの
表引上げ編み

1  **2** 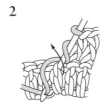 **3**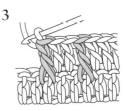

前段の柱を手前側からすくい、長めに糸を引き出して長編みと同じ要領で編みます
※細編み（　）、中長編み、長々編みの場合も同じ要領で編みます

長編みの
裏引上げ編み

1  **2** 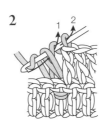 **3**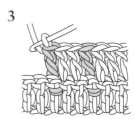

前段の柱を裏側からすくい、長めに糸を引き出して長編みと同じ要領で編みます
※細編み（　）、中長編み、長々編みの場合も同じ要領で編みます

長編み
3目の玉編み

1  **2** 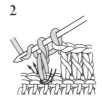 **3** 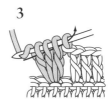 **4**

未完成の長編み3目を一度に引き抜きます
※目数が異なる場合も同じ要領で編みます

根もとがついている場合

 前段の1目に全部の目を
編み入れる

根もとがついていない場合

 前段が鎖編みのとき、
全部すくって編む

前段が鎖編みのとき、一般的には鎖
目を全部すくって編みます。
「束にすくう」といいます。特に指
定がない場合は、束にすくいます。

長編みを
編みながら引き抜く

1 未完成の長編みを編みます。

2 段の始めの立上りの鎖の3目めに
針を入れ、糸をかけて、すべてのルー
プを一度に引き抜きます。

3 長編みを編みながら段の終りの
引抜きが編めました。

編終りの
チェーンつなぎ

1 編終りの糸端を約10cm
残してカットし、最後の目の
中から糸を引き出します。

2 とじ針に糸を通して、段
の始めの頭に手前から針
を入れます。

3 最後の目に針を入れて
つなぎます。

4 こうすることで平らに
つなぐことができます。

スレッドコード

1

2

3

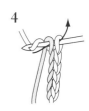

4

糸端は出来上り寸法の3倍残し、鎖を1目編みます。残した糸端を手前から向う側にかけ
もう一方の糸を針にかけて引き抜きます

【とじはぎ】

全目の
巻きかがりはぎ

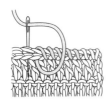

2枚の編み地を中表に合わせて、
それぞれ最終段の頭の糸を2本ずつに
針を入れてかがります

半目の
巻きかがりはぎ

2枚の編み地を中表に合わせて、
それぞれ最終段の頭の外側の1本ずつ
に針を入れてかがります

A テトラバッグ → p.4

【糸】メルヘンアート マニラヘンプヤーン スティン（20g玉巻き）
　　　ちょうじ（542）100g

【針】5/0号、4/0号かぎ針

【その他】長さ20cmのファスナー 1本、
　　　ジャンボDカン［幅4.6cm／G1086］（メルヘンアート）1個、
　　　手縫い糸

【ゲージ】細編み　20目が10cm、5段が3cm
　　　　模様編み　1模様が4cm、7段が10cm

【サイズ】幅22cm、高さ約20cm（持ち手を除く）

【編み方】糸は1本どりで編みます。
本体は鎖編みの作り目をして編み始めます。1段めの細編みは、作り目の半目と裏山を拾って編みます。反対側は作り目の鎖半目を拾って輪に編みます。続けて模様編みを編みます。さらに続けて、縁編みを編みますが、細編みの1段めの指定位置でDカンを編みくるみます。次段は図のように減らしながら編みます。持ち手は鎖編みの作り目をして編み始め、1段めの細編みは、作り目の半目と裏山を拾って編みます。往復に5段編み、続けて周囲に細編みを1段編み、糸端を70cm残して切ります。ファスナー下部を編みつけ、細編みの頭を全目の巻きかがりで合わせます。ファスナーを本体入れ口に仮どめし、手縫い糸を用いて返し縫いでつけます。Dカンに持ち手をつけます。

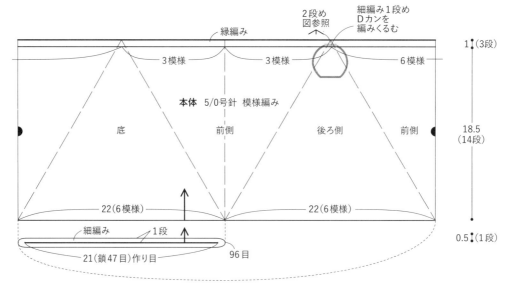

持ち手の編み方

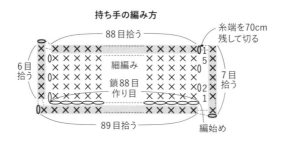

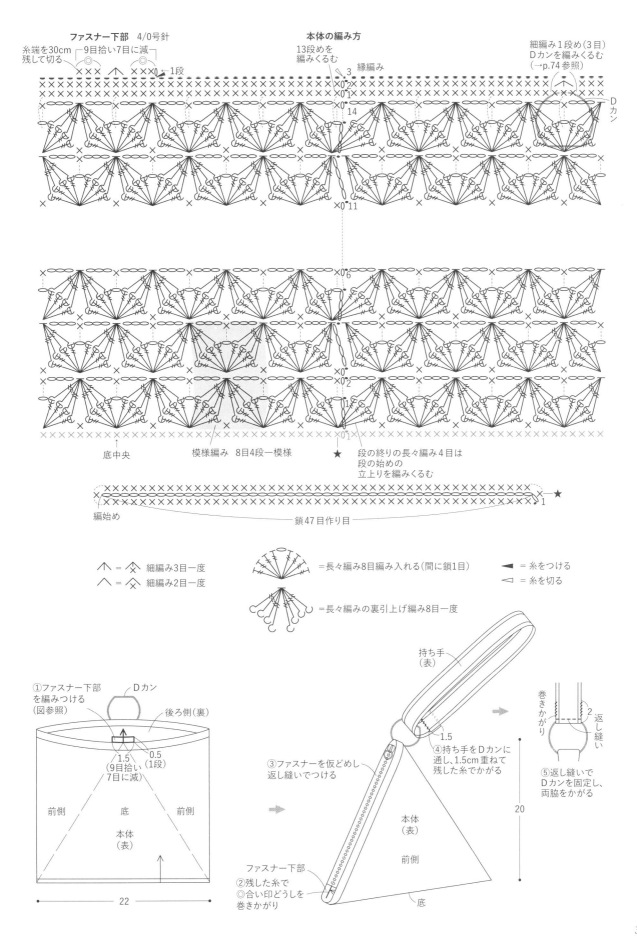

ファスナー下部 4/0号針

糸端を30cm残して切る　9目拾い7目に減　0→1段

本体の編み方
13段めを編みくるむ

縁編み

細編み1段め（3目）Dカンを編みくるむ（→p.74参照）

Dカン

底中央

模様編み 8目4段一模様

★ 段の終りの長々編み4目は段の始めの立上りを編みくるむ

編始め　鎖47目作り目　1 ★

∧ = 細編み3目一度
∧ = 細編み2目一度

=長々編み8目編み入れる（間に鎖1目）

=長々編みの裏引上げ編み8目一度

◀ = 糸をつける
◁ = 糸を切る

①ファスナー下部を編みつける（図参照）　Dカン

後ろ側（裏）

1.5（9目拾い7目に減）　0.5（1段）

前側　底　前側

本体（表）

22

③ファスナーを仮どめし返し縫いでつける

ファスナー下部
②残した糸で◎合い印どうしを巻きかがり

持ち手（表）

1.5

④持ち手をDカンに通し、1.5cm重ねて残した糸でかがる

本体（表）前側

底

巻きかがり
2　返し縫い

⑤返し縫いでDカンを固定し、両脇をかがる

20

39

B メタルハンドルバッグ　→p.6

【糸】メルヘンアート マニラヘンプヤーン（20g玉巻き）
　　　ホワイト（500）100g
【針】5/0号かぎ針
【その他】足折れハトメ持ち手［幅11cm、高さ5cm／シルバー］
　　　　　（メルヘンアート）1組み
【ゲージ】長編み　20目8.5段が10cm四方
　　　　　模様編み　8模様18目が8cm、8.5段が10cm
　　　　　細編み　20.5目20段が10cm
【サイズ】幅26.5cm、深さ23cm

【編み方】糸は1本どりで編みます。
底から鎖編みの作り目をして編み始めます。1段めの細編みは、作り目の半目と裏山を拾って編みます。反対側は作り目の鎖目を拾って編みます。図のように増しながら輪に編みます。続けて、側面の細編みを1段編み、模様編みと長編みを配置して編みます。さらに続けて入れ口の細編みを1段編みます。持ち手穴の3段は、指定位置に糸をつけて往復に編みます。再び輪に細編みを編みますが、往復に編みます。持ち手穴は鎖編みの作り目をし、次段は作り目の半目と裏山を拾って引抜き編みを編みます。以降、記号図どおりに編みます。持ち手穴に足折れハトメ持ち手を取りつけます。

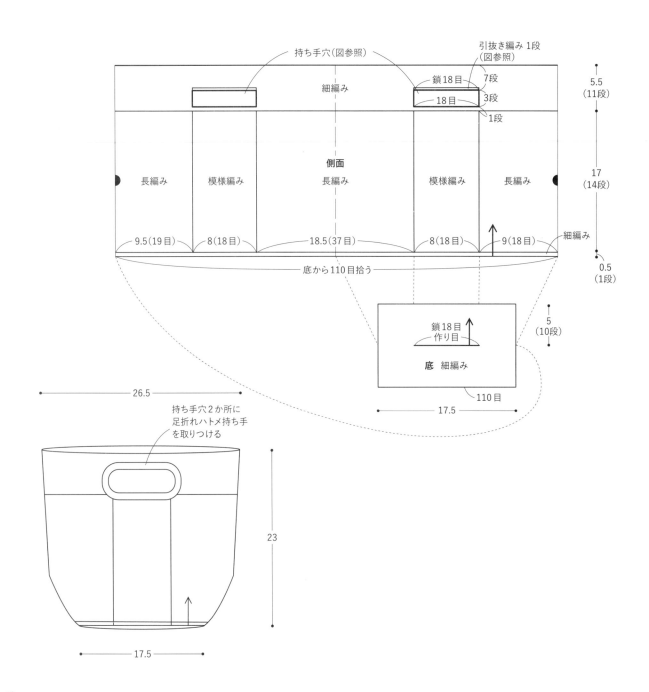

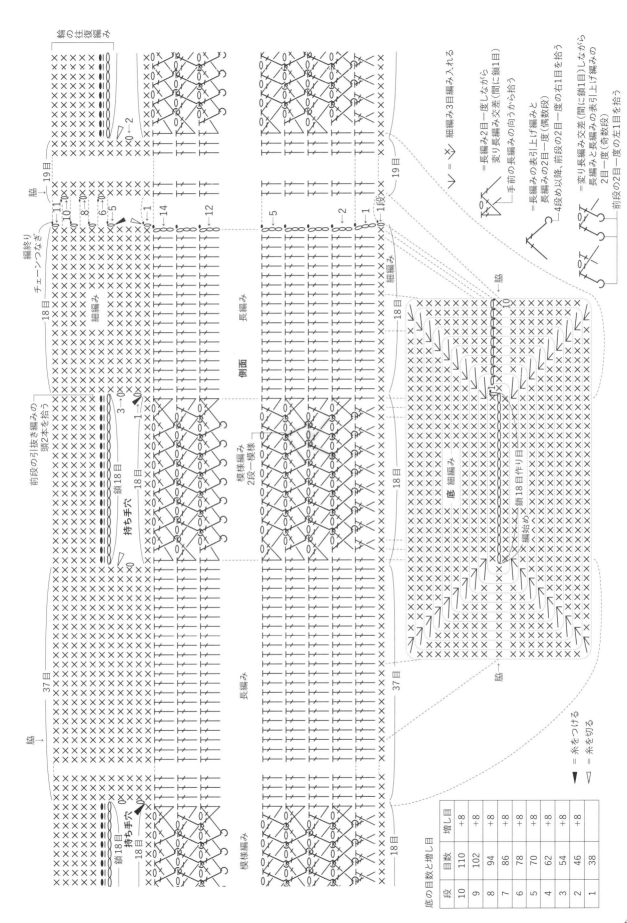

C スマホポシェット →*p.7*

【糸】メルヘンアート マニラヘンプヤーン (20g 玉巻き)
　　　ピスタチオ (531) 33g
　　　マニラヘンプヤーン ステイン (20g 玉巻き)
　　　ちょうじ (542) 22g
【針】5/0号、6/0号かぎ針
【その他】コードキャップ [6mm／G1175] (メルヘンアート) 1組み
【ゲージ】細編み　20目 19.5段が 10cm 四方
　　　　　模様編み　7模様、11段が 10cm 四方
【サイズ】幅 11.5cm、深さ 17.5cm (ひもを除く)

【編み方】本体、ポケットは1本どり、ひもは2本どりで指定の配色で編みます。
本体は鎖編みの作り目をして編み始めます。1段めの細編みは、作り目の半目と裏山を拾って編みます。反対側は作り目の鎖半目を拾って編みます。輪に34段編みます。本体にループを編みつけます。ポケットは、鎖編みの作り目をして編み始め、模様編みを往復に14段編み、続けて細編みを図のように編みます。本体のポケットつけ位置に、引抜き編みを編みます。ポケットの細編みの半目と本体の引抜き編みの半目を巻きかがりで合わせます。ひもを編み、ひも先にコードキャップを取りつけます。ループにひもを通して結びます。

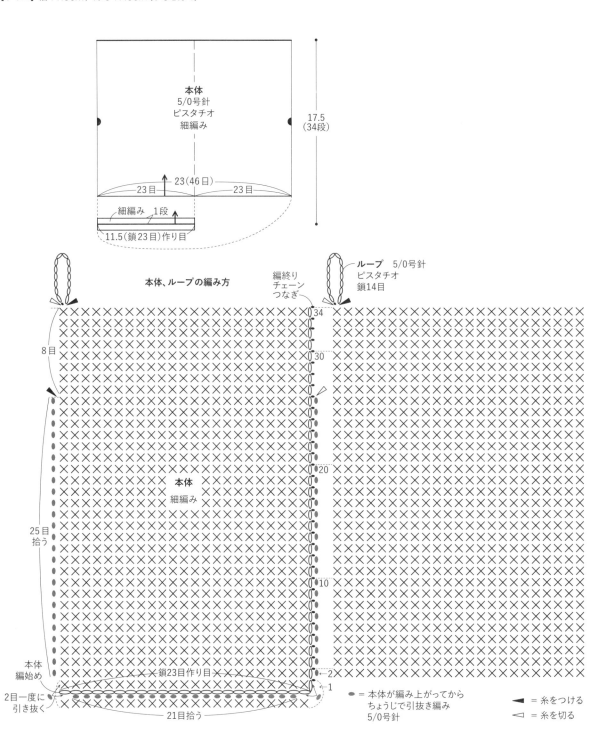

本体
5/0号針
ピスタチオ
細編み

17.5
(34段)

23 (46日)
23目　　　23目

細編み　1段
11.5 (鎖23目) 作り目

本体、ループの編み方

編終りチェーンつなぎ

ループ　5/0号針
ピスタチオ
鎖14目

8目

34

30

25目
拾う

本体
細編み

20

10

本体
編始め

2目一度に
引き抜く

鎖23目作り目

21目拾う

2

1

● = 本体が編み上がってから
　　ちょうじで引抜き編み
　　5/0号針

◀ = 糸をつける
◁ = 糸を切る

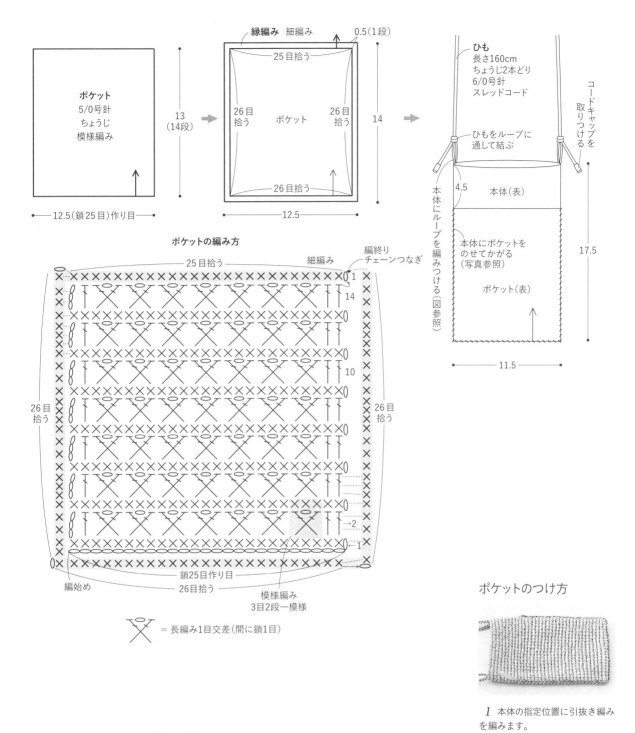

ポケット
5/0号針
ちょうじ
模様編み

13（14段）

12.5（鎖25目）作り目

縁編み 細編み

0.5（1段）

25目拾う

26目拾う　ポケット　26目拾う

26目拾う

14

12.5

ひも
長さ160cm
ちょうじ2本どり
6/0号針
スレッドコード

ひもをループに通して結ぶ

コードキャップを取りつける

本体にループを編みつける（図参照）

本体（表）

4.5

本体にポケットをのせてかがる（写真参照）

ポケット（表）

17.5

11.5

ポケットの編み方

25目拾う　　　　　　　　　　　細編み　　編終り
チェーンつなぎ

1
14

10

→2
←1

26目拾う

26目拾う

26目拾う

鎖25目作り目

編始め

模様編み
3目2段一模様

$\times\!\!\!\times$ = 長編み1目交差（間に鎖1目）

ポケットのつけ方

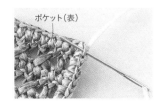

1 本体の指定位置に引抜き編みを編みます。

※写真では、わかりやすいように糸の色を替えています。

2 とじ針に糸を通し、ポケットの細編みの編終りの右半目に向かうからとじ針を入れます。

ポケット（表）

3 1の引抜き編みの左半目に向うから針を入れ、再びポケットの半目に向うから入れます（半目の巻きかがり）。

4 同様にそれぞれの隣の目に向うから入れます。

5 4を繰り返して最後までかがります。

D フリンジマルシェバッグ →p.8

Sは小、**L**は大、指定以外は共通
- 【糸】メルヘンアート マニラヘンプヤーン (20g玉巻き)
  - **S**：ラピス (517) 120g
  - **L**：リネン (494) 210g
- 【針】5/0号かぎ針
- 【ゲージ】細編み　20目20段が10cm四方
- 【サイズ】**S**：幅27cm、深さ19cm
  - **L**：幅36cm、深さ28cm

【編み方】糸は指定以外1本どりで編みます。
底から鎖編みの作り目をして編み始めます。1段めの細編みは、作り目の半目と裏山を拾って編みます。反対側は作り目の鎖半目を拾って編みます。図のように増しながら輪に10段編みます。続けて、側面を図のように増しながら編みます。フリンジつけ位置に引抜き編みを1段編みます。持ち手の鎖編みを編み、**S**は次段を2本どりで半目と裏山を拾って細編みを編みます。**L**の持ち手部分の最終段は、細編みを二つ折りにして指定目数の細編みで編みくるみます。フリンジ用の糸をカットして、指定位置に指定本数のフリンジをつけます。

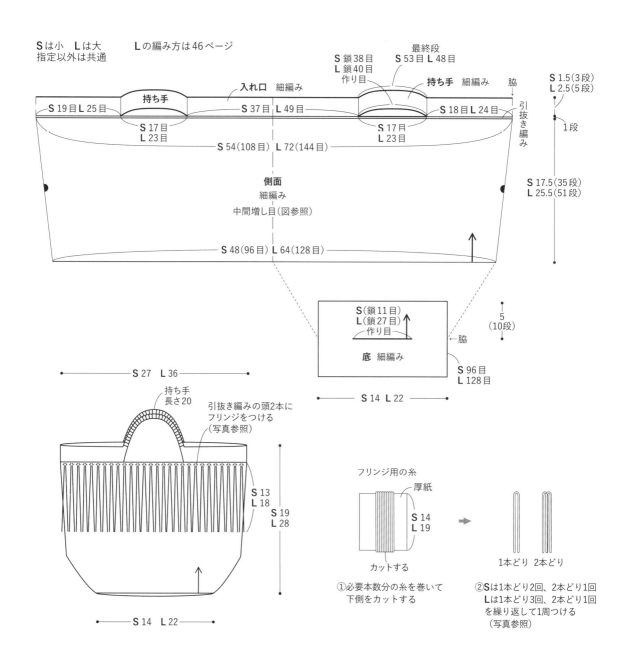

44

S

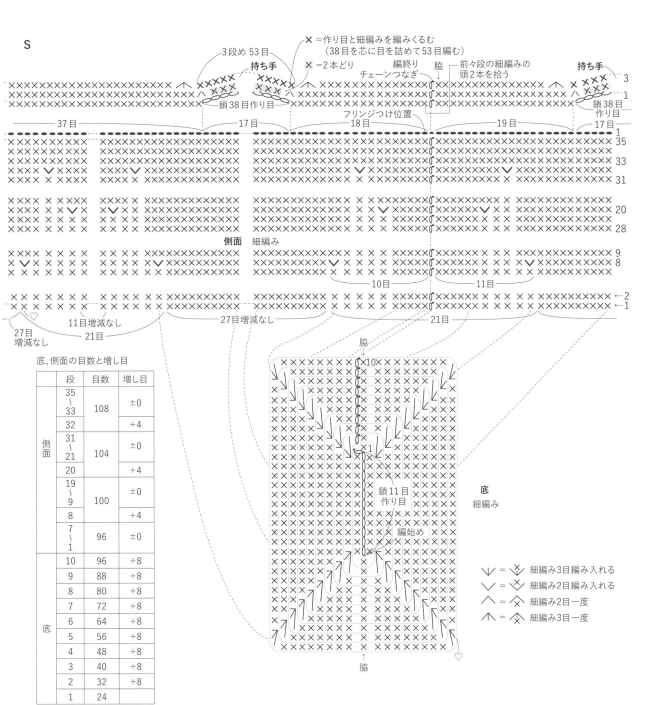

3段め 53目
×＝作り目と細編みを編みくるむ
（38目を芯に目を詰めて53目編む）
×＝2本どり
編終り
チェーンつなぎ
脇
前々段の細編みの
頭2本を拾う
持ち手
持ち手
鎖38目作り目
鎖38目作り目
3
1
3
1

37目　17目　18目　19目　17目
フリンジつけ位置
1
35
33
31
20
28
9
8
側面　細編み
10目　11目
←2
←1

11目増減なし
21目
27目増減なし
21目
27目
増減なし

底、側面の目数と増し目

	段	目数	増し目
側面	35〜33	108	±0
	32		+4
	31〜21	104	±0
	20		+4
	19〜9	100	±0
	8		+4
	7〜1	96	±0
底	10	96	+8
	9	88	+8
	8	80	+8
	7	72	+8
	6	64	+8
	5	56	+8
	4	48	+8
	3	40	+8
	2	32	+8
	1	24	

×10
×1
鎖11目作り目
編始め
脇
脇
底
細編み

∨ ＝ 細編み3目編み入れる
∨ ＝ 細編み2目編み入れる
∧ ＝ 細編み2目一度
∧ ＝ 細編み3目一度

フリンジのつけ方（1本どりの場合）　　　　※写真では、わかりやすいように糸の色を替えています。

1 引抜き編みの2本にかぎ針を入れ、二つ折りにしたフリンジの糸の輪をかけて引き出します。

2 引き出したら、かぎ針を外します。

3 輪の中に糸端側を通します。

4 糸端側を引いて輪を引き締めます。指定本数を1周つけたら、フリンジの長さを切りそろえます。

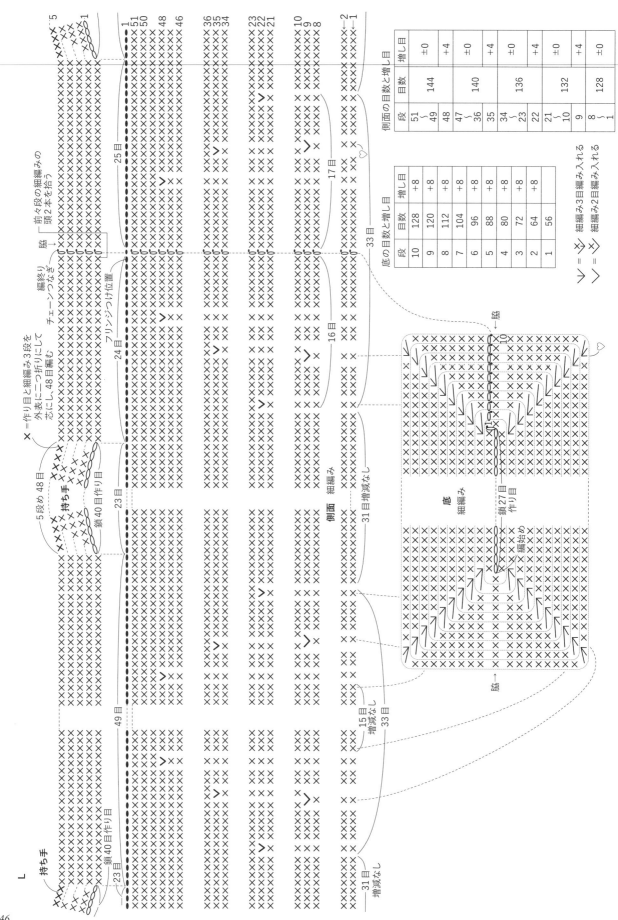

側面の目数と増し目

段	目数	増し目
51〜49	144	±0
48		+4
47〜36	140	±0
35		+4
34〜23	136	±0
22		+4
21〜10	132	±0
9		+4
8〜1	128	±0

底の目数と増し目

段	目数	増し目
10	128	+8
9	120	+8
8	112	+8
7	104	+8
6	96	+8
5	88	+8
4	80	+8
3	72	+8
2	64	+8
1	56	

E ボストンバッグ →p.10

【糸】メルヘンアート マニラヘンプヤーン（20g玉巻き）
　　　ラベンダー（508）95g
【針】5/0号かぎ針
【その他】あみあみファインネット［ベージュ／H200-372-4］
　　　　（ハマナカ）1枚、
　　　　竹持ち手［幅約16.5cm、高さ約11cm、厚み約1.2cm
　　　　焼き入生成#4／BB-13］(INAZUMA) 1組み、
　　　　マグネットホック（足つき）［直径1.4cm／G1088］
　　　　（メルヘンアート）1組み
【ゲージ】細編み　19.5目が10cm、7段が5cm
【サイズ】幅22.5cm、深さ18cm、まち10.5cm

【編み方】糸は1本どりで編みます。
側面、底はそれぞれネットをカットします。ネットに糸をつけて引抜き編
みを編みつけます。サイドの細編みは底から続けて編みます。1段めは
目を割って針を入れて編みます。図のように減らしながら編みます。反
対側は糸をつけて編みます。フラップは鎖編みの作り目をして編み始め
ます。1段めの細編みは、作り目の半目と裏山を拾って編みます。続けて
引抜き編みを1周編みます。マグネットホックをつけ、側面後ろに返し縫
いでつけます。持ち手パーツはフラップと同様に編み始め、作り目の反
対側は半目を拾って編みます。シャックルを通して、側面に返し縫いで
つけます。側面前にマグネットホックをつけます。側面とサイド、底を外
表に合わせて細編みではぎ合わせます。持ち手を取りつけます。

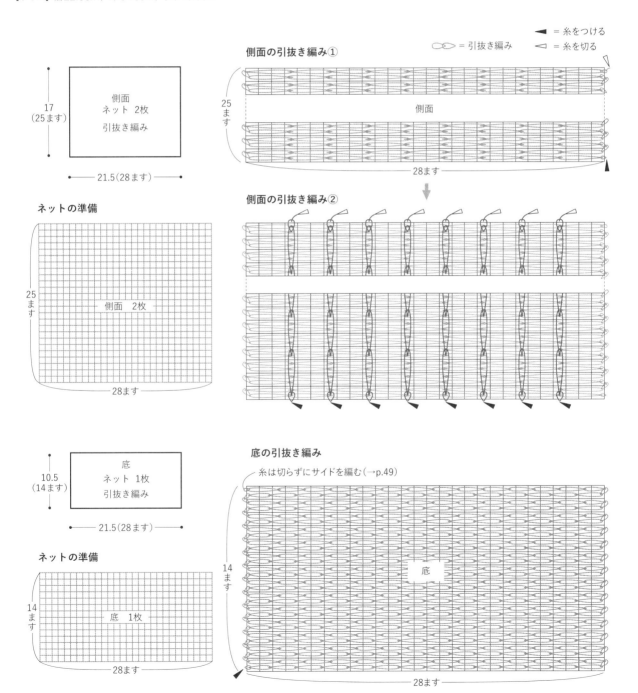

◀ = 糸をつける
◖◗ = 引抜き編み
◁ = 糸を切る

側面の引抜き編み①

25ます　側面　28ます

側面の引抜き編み②

17（25ます）

側面
ネット　2枚
引抜き編み

21.5（28ます）

ネットの準備

25ます　側面　2枚　28ます

10.5（14ます）

底
ネット　1枚
引抜き編み

21.5（28ます）

ネットの準備

14ます　底　1枚　28ます

底の引抜き編み

糸は切らずにサイドを編む（→p.49）

14ます　底　28ます

47

ネットの準備

1 側面28×25ますを2枚、底 28×14ますを1枚カットします。

側面の引抜き編み①

2 糸端を5cmほど残してかぎ 針に糸をかけます。

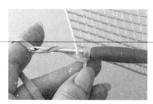

3 ネットの指定位置に針を上か ら入れ、糸をかけて引き出します。

4 糸を引き締めます。

5 糸を3ます分のばし、角から 3ます上に針を入れ、糸をかけて 引き出します。

6 「3ます上に針を入れ、糸をか けて引き出す」を繰り返します。

7 角まで引き抜いたら、糸をか けて引き抜きます。

8 ネットの向きを変えて、1つ 前に引き抜いたますに針を入れ、 糸をかけて引き出します。

9 8を繰り返します。

10 1列を往復に引抜き編みしま した。繰り返します。

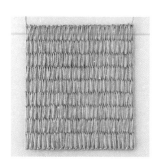

11 側面の引抜き編み ①ができました。

側面の引抜き編み② ※写真では、わかりやすいように糸の色を替えています。

1 指定位置に糸をつけて、側面 の引抜き編み①の2〜4と同様に ①の上から目を割って針を入れ て引き出し、3ます上に針を入れ ます。

2 さらに3ます上に針を入れて 同様にします。

3 最後まで引き抜いたら、糸を かけて引き出します。糸端を10 cmほど残して切ります。

4 指定の8か所に糸をつけて同 様に引き抜きます。糸端は裏側に くぐらせて始末します。同じもの を2枚作ります。

底の引抜き編み

1 指定位置に糸をつけて、2ま す上に針を入れ、端まで引き抜い たら①の7と同様に引き抜き、ネッ トの向きを変えて、引抜き編み を編みつけます。

2 以降、図を参照して引き抜き ます。

3 最後まで引き抜い たら、糸は切らずに続 けて49ページのサイド の細編みを編みます。

48

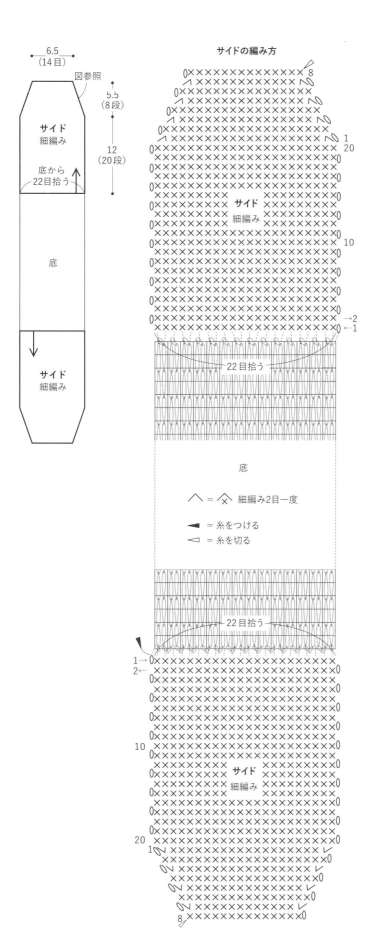

サイドの編み方

6.5
(14目)

図参照

5.5
(8段)

12
(20段)

サイド
細編み

底から
22目拾う

底

↓

サイド
細編み

サイド
細編み

8

1
20

10

→2
←1

22目拾う

底

⋀ = ⋀ 細編み2目一度

◀ = 糸をつける

◁ = 糸を切る

22目拾う

1→
2←

10

サイド
細編み

20
10

8

サイドの細編みの拾い方

1 底の引抜き編みから続けて、サイドの細編みを編みます。ネットの角の目を割って針を入れます。

2 糸をかけて引き出し、立上りの鎖1目、同じますに細編み2目を編みます。

3 左隣の目は1目拾います。以降、記号図どおり拾います。

次ページへ続く

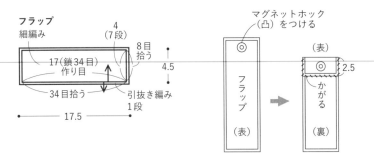

フラップ

細編み

17（鎖34目）作り目

4（7段）

8目拾う

4.5

34目拾う

引抜き編み1段

17.5

マグネットホック（凸）をつける

フラップ（表）

（表）

かがる

（裏）

2.5

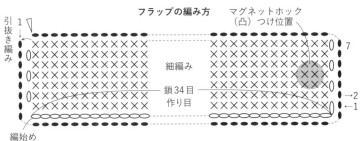

フラップの編み方

マグネットホック（凸）つけ位置

引抜き編み

1

鎖34目作り目

細編み

編始め

7

→2

←1

持ち手パーツ 4枚

細編み

鎖8目作り目

2段

23目

5

2.5

持ち手パーツの編み方

鎖8目作り目

編始め

シャックルに通す

かがる

3.5

持ち手パーツ（裏）

▽ = 細編み2目を編み入れる（間に鎖1目）

持ち手パーツ、フラップ、マグネットつけ位置、縁編みの拾い目位置

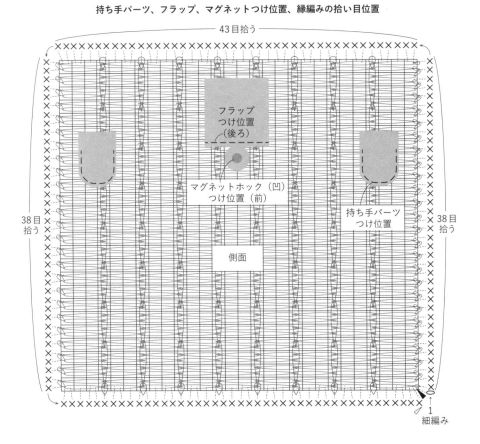

43目拾う

フラップつけ位置（後ろ）

マグネットホック（凹）つけ位置（前）

持ち手パーツつけ位置

側面

38目拾う

38目拾う

1
細編み

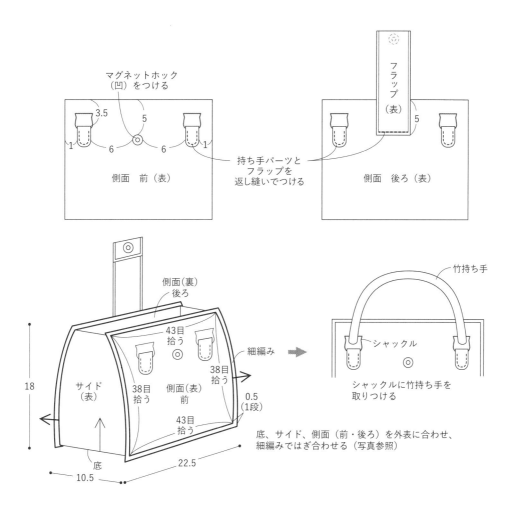

マグネットホック（凹）をつける

3.5

5

6　6

1　1

側面　前（表）

持ち手パーツと
フラップを
返し縫いでつける

フラップ（表）

5

側面　後ろ（表）

竹持ち手

側面（裏）後ろ

43目拾う

◎

38目拾う

細編み

38目拾う

43目拾う

0.5（1段）

サイド（表）

側面（表）前

底

18

10.5

22.5

底、サイド、側面（前・後ろ）を外表に合わせ、
細編みではぎ合わせる（写真参照）

シャックル

シャックルに竹持ち手を
取りつける

縁編みの拾い方

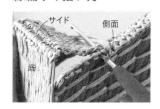

1 側面と底、サイドを外表に合わせて側面側を手前に持ちます。指定位置に糸をつけて、端の目を割って針を入れます。

2 針に糸をかけて引き出します。

3 さらに糸をかけて引き抜き、細編みを編みます。

4 記号図どおり、1ますに細編み2目と1目を交互に編みます。

5 角は2目編みますが、2目めは側面と底のネットの角を合わせて拾います。

6 側面と底のネットを合わせ、目を割って針を入れます。

7 以降、記号図どおり1周編みます。

F トライアングルポーチ →p.12

【糸】メルヘンアート マニラヘンプヤーン（20g玉巻き）
　　　p.12：オレンジ（496）、p.13：ミルク（511）各15g
【針】6/0号、5/0号かぎ針
【その他】トライアングル口金［長さ5.5cm・マグネットボタン式／F360］
　　　　（角田商店）各1組み
【ゲージ】模様編み　10模様が10cm、5段が7cm
【サイズ】幅10cm、深さ9cm

【編み方】糸は1本どりで編みます。口金は組み立てておきます。
本体は鎖編みの作り目をして編み始めます。1段めは作り目の半目と裏山を拾って細編みを編みます。反対側は作り目の鎖半目を拾って編みます。続けて、模様編みを輪に編みます。さらに続けて、細編み1段を輪に編み、2段めを指定目数編んだら、糸を切ります。指定の2か所に糸をつけてそれぞれトライアングル口金を編みくるみます。糸端を40cm残して切り、細編みを内側に折ってかがります。マグネットボタンを取りつけます。

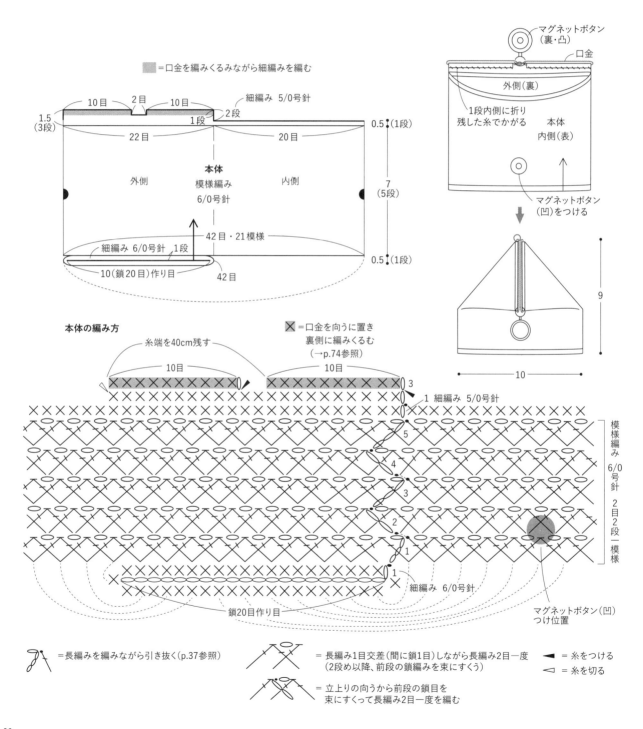

I レースハンドルトートバッグ →*p.17*

【糸】メルヘンアート マニラヘンプヤーン（20g玉巻き）
　　　カフェオレ（512）160g、ブラック（510）30g
【針】5/0号かぎ針
【ゲージ】模様編みA　19目25.5段が10cm四方
　　　　　模様編みB　3.5cm幅、8模様が10cm
【サイズ】幅25.5cm、深さ29cm（持ち手を除く）

【編み方】糸は1本どりで指定の配色で編みます。
本体は鎖編みの作り目をして編み始めます。1段めの細編みは、作り目の半目と裏山を拾って編みます。反対側は作り目の鎖半目を拾って編みます。模様編みを輪に74段編みます。持ち手は輪の作り目をして編み始めます。同じものを2本編み、本体の指定位置に返し縫いでつけます。

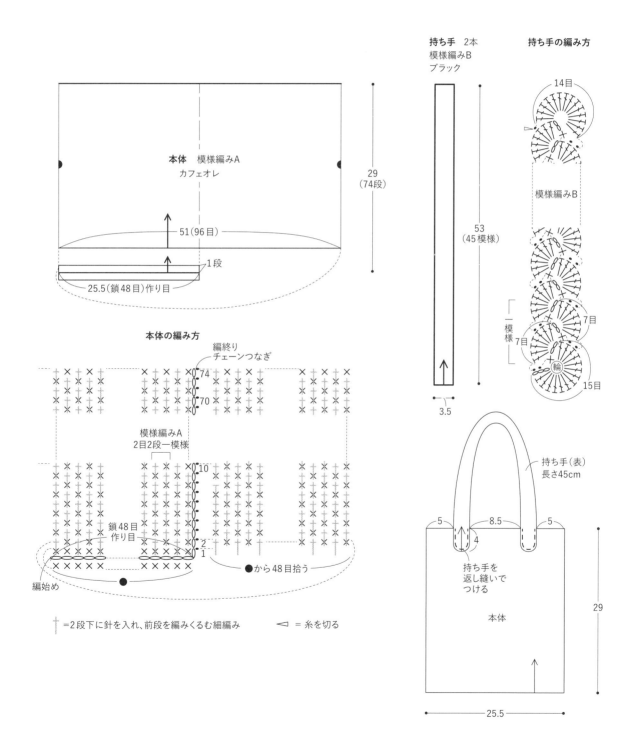

†＝2段下に針を入れ、前段を編みくるむ細編み　　◁ ＝糸を切る

53

G 巾着バッグ →p.14

【糸】メルヘンアート マニラヘンプヤーン（20g玉巻き）
ダルリーフ（493）75g、カフェオレ（512）35g
【針】5/0号かぎ針
【その他】メタリックバフレザーコード［シルバー／3mm／531］
（メルヘンアート）3m
【ゲージ】細編み　19目19段が10cm四方
模様編み　11目6段が5.5cm四方
【サイズ】幅32.5cm、深さ21.5cm（ひもを除く）

【編み方】糸は1本どりで指定の配色で編みます。
底から鎖編みの作り目をして編み始めます。細編みで増しながら編みます。続けて側面を細編み（縞）と模様編みを輪に編みます。最終段の指定位置に、ひも通し用の鎖目を編みます。レザーコードをひも通し位置に左右から通して、コードの先をそれぞれひと結びします。

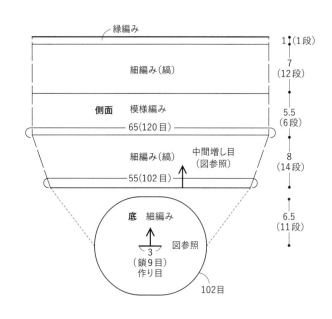

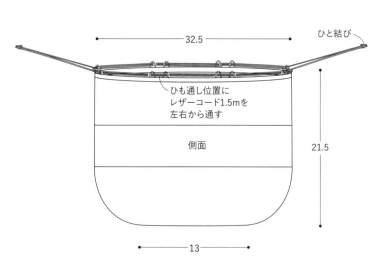

底、側面の配色と目数、増し目

		段	色	目数	増し目
側面	縁編み	1	ダルリーフ		
	細編み（縞）	12〜7	ダルリーフ		
		6	カフェオレ		
		5	カフェオレ		
		4〜2	ダルリーフ		
		1			
	模様編み	6〜1	カフェオレ	120	±0
	細編み（縞）	14〜12	ダルリーフ		
		11	カフェオレ		
		10	カフェオレ		
		9			+6
		8		114	±0
		7			
		6			+6
		5		108	±0
		4			
		3			+6
		2		102	±0
		1	ダルリーフ		
底	細編み	11	ダルリーフ		+8
		10		94	+8
		9		86	+8
		8		78	+8
		7		70	+8
		6		62	+8
		5		54	+8
		4		46	+8
		3		38	+8
		2		30	+8
		1		22	

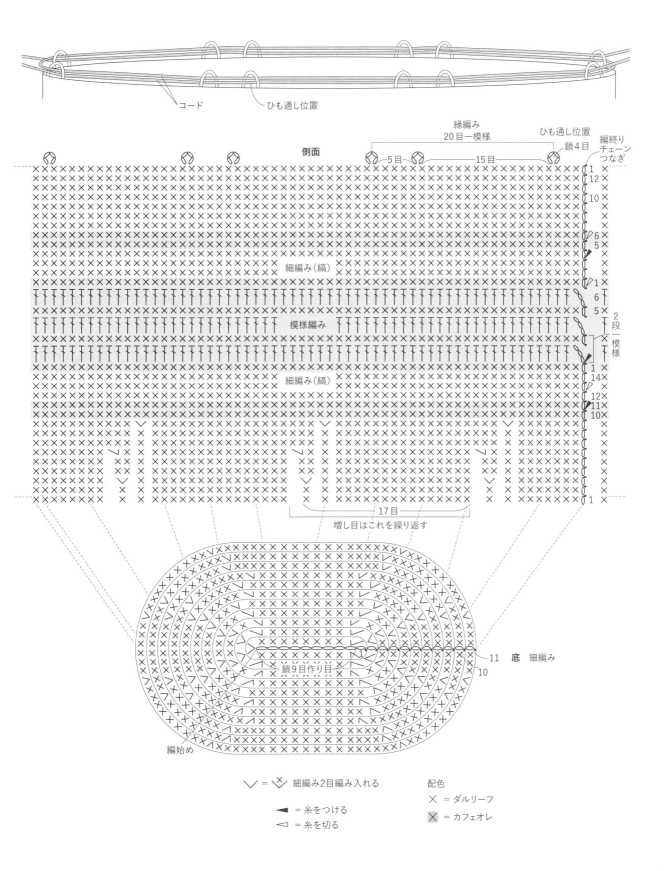

コード

ひも通し位置

縁編み
20目一模様

ひも通し位置
鎖4目

編終り
チェーン
つなぎ

側面

5目　　15目

細編み（縞）

模様編み

細編み（縞）

17目
増し目はこれを繰り返す

2段一模様

鎖9目作り目

11 底 細編み

10

編始め

∨ = ⋎ 細編み2目編み入れる

◀ = 糸をつける

◁ = 糸を切る

配色
╳ = ダルリーフ
☒ = カフェオレ

55

ダイヤ柄ショルダーバッグ →p.16

【糸】メルヘンアート マニラヘンプヤーン（20g玉巻き）
　　　ブラック（510）105g
【針】5/0号かぎ針
【ゲージ】細編み　20目17段が10cm四方
　　　　　模様編み　20目8段が10cm四方
　　　　　長編み　7目が3cm、7段が10cm
【サイズ】幅24cm、深さ24.5cm

【編み方】糸は1本どりで編みます。
底から鎖編みの作り目をして編み始めます。1段めの細編みは、作り目の半目と裏山を拾って編みます。往復に41段編みます。側面は底から拾い目をして、細編みを輪に5段編みます。続けて模様編みを17段、さらに続けて細編みを1段編みます。持ち手は側面に糸をつけて、長編みを35段編み、糸端を70cmほど残して切ります。側面の指定位置に巻きかがりで合わせます。入れ口の両端を内側に折り込んでかがります。

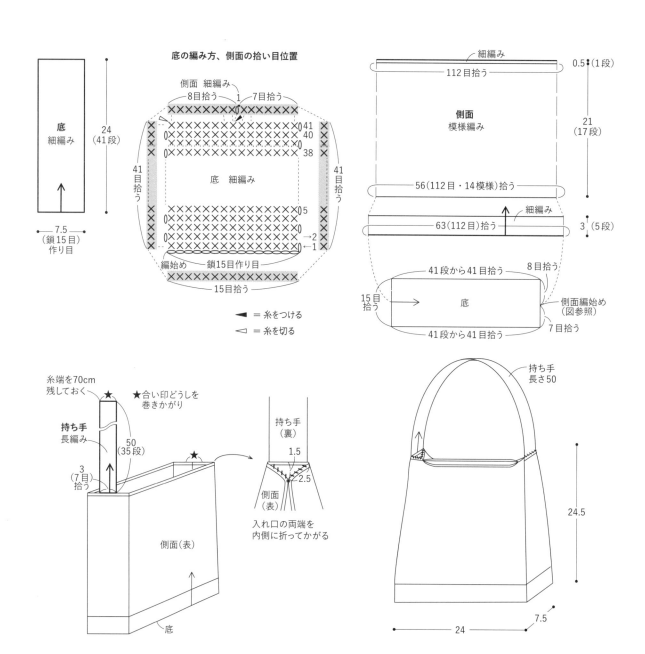

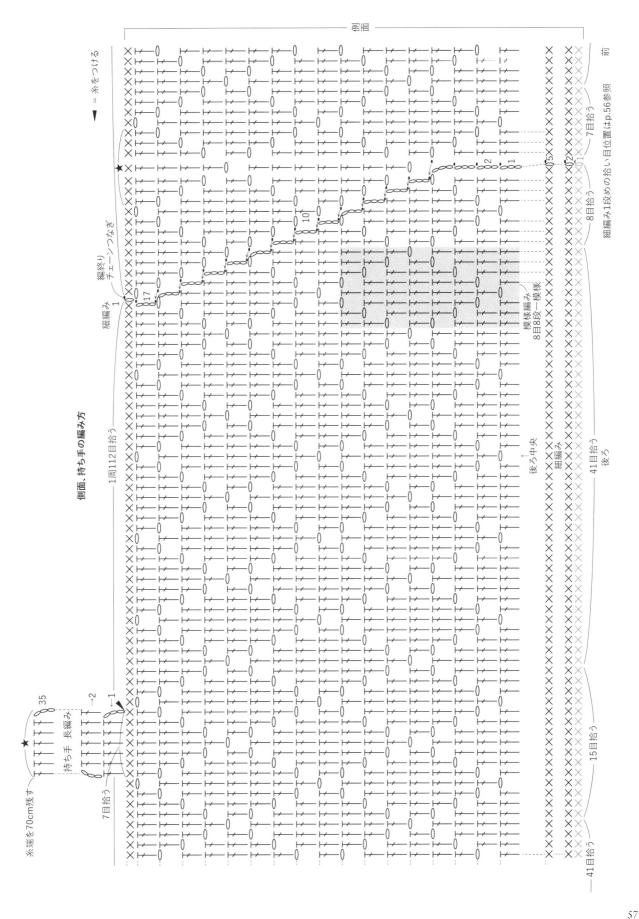

側面、持ち手の編み方

J スクエアフレームバッグ →p.18

【糸】メルヘンアート マニラヘンプヤーン（20g 玉巻き）
　　　リネン（494）92g
【針】5/0号かぎ針
【その他】長さ20cmのファスナー1本、
　　　　　チェーンキット［チェーン／長さ120cm、Dカン／
　　　　　幅1.5cm／2個］1組み（メルヘンアート）
【ゲージ】模様編み　19.5目23.5段が10cm四方
　　　　　細編み　19.5目が10cm、7段が3cm
【サイズ】幅14.5cm、深さ17.5cm、まち6.5cm

【編み方】糸は1本どりで編みます。
側面は鎖編みの作り目をして編み始めます。模様編みを往復に編みます。続けて細編みを編み、糸を切ります。反対側は糸をつけて編みます。縁編みは、側面から拾い目をして編みますが、1段めは、細編みの表引上げ編みで編み、角は細編みで編みます。続けて細編みを編み、指定位置にDカンを編みくるみます。同じものを2枚編みます。ファスナーを仮どめし、返し縫いでつけます。2枚を巻きかがりで合わせます。Dカンにチェーンを取りつけます。

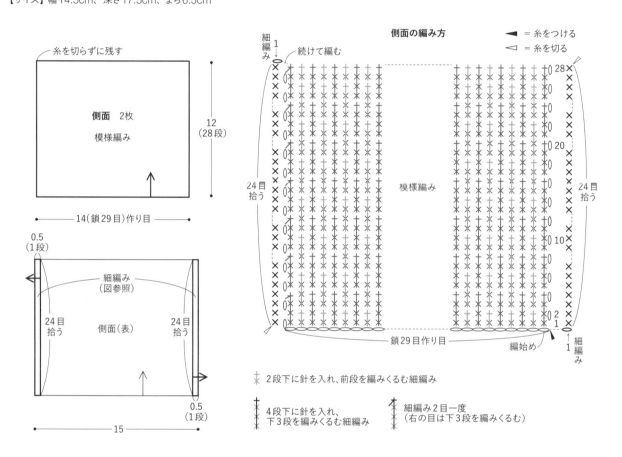

糸を切らずに残す

側面　2枚
模様編み

12
（28段）

14（鎖29目）作り目

0.5
（1段）

細編み
（図参照）

24目拾う　　側面（表）　　24目拾う

0.5
（1段）

15

側面の編み方

◀ = 糸をつける
◁ = 糸を切る

細編み　1　続けて編む　28　20　10　2　1　細編み　1

24目拾う　　模様編み　　24目拾う

鎖29目作り目　　編始め

‡ 2段下に針を入れ、前段を編みくるむ細編み

† 4段下に針を入れ、下3段を編みくるむ細編み

細編み2目一度
（右の目は下3段を編みくるむ）

† 下3段を編みくるむ細編み

1　4段下に針を入れ、糸をかけて引き出します。針に糸をかけて、矢印のように引き出します。

2　下3段を編みくるむ細編みが編めました。

‡ 細編み2目一度
（右の目は下3段を編みくるむ）

1　4段下に針を入れ、糸をかけて引き出し、前段の鎖目に針を入れ、糸をかけて引き出します。

2　針にかかっている3ループを一度に引き抜きます。

3　細編み2目一度（右の目は下3段を編みくるむ）が編めました。

※引き出す糸を広げてから編むときれいに編めます（→p.32参照）

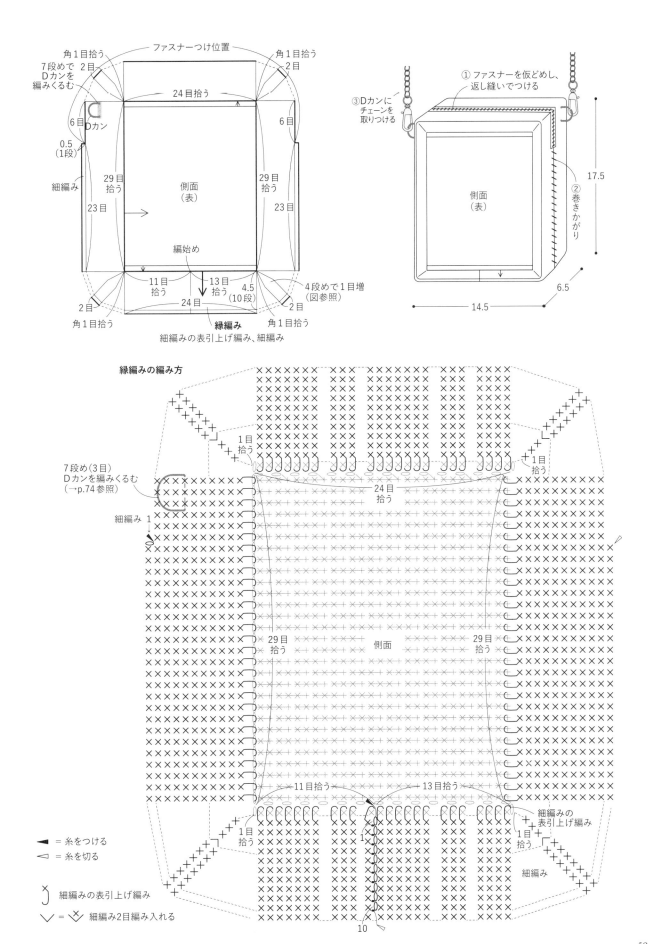

角1目拾う
ファスナーつけ位置
角1目拾う
7段めで
Dカンを
編みくるむ
2目
2目
24目拾う
6目Dカン
6目
0.5
(1段)
細編み
29目
拾う
29目
拾う
側面
(表)
23目
23目
編始め
11目
拾う
13目
拾う
4.5
(10段)
4段めで1目増
(図参照)
2目
2目
24目
角1目拾う
角1目拾う
縁編み
細編みの表引上げ編み、細編み

① ファスナーを仮どめし、
返し縫いでつける
③Dカンに
チェーンを
取りつける
側面
(表)
② 巻きかがり
17.5
6.5
14.5

縁編みの編み方

7段め(3目)
Dカンを編みくるむ
(→p.74参照)

細編み 1

1目
拾う
1目
拾う

24目
拾う

29目
拾う
側面
29目
拾う

11目拾う
13目拾う
細編みの
表引上げ編み

1目
拾う
1目
拾う
細編み

10

◄ = 糸をつける
◁ = 糸を切る

) 細編みの表引上げ編み

∨ = 細編み2目編み入れる

59

K ドロップモチーフピアス　→p.19

【編み方】糸は1本どりで編みます。
鎖編みの作り目をして編み始め、最初の目に引き抜いて輪にします。1段めの細編みは作り目の鎖を束に拾って編みます。2段めは作り目と1段めを編みくるめ、しずくの形になるように編み目の高さを調節しながら編みます。編終りは糸端を50cm残し、とじ針に通して写真のように細編みの頭2本を1周かがります。ターコイズをテグスでつけます。丸カン、ピアス金具を取りつけます。

【糸】メルヘンアート マニラヘンプヤーン（20g玉巻き）
　　　ストロー（507）またはオレンジ（496）5g
【針】5/0号かぎ針
【その他】ピアス金具［AC1664G／2組み入り］
　　　　（メルヘンアート）各1組み、
　　　　本ターコイズ さざれ 幅約4mm［AC611］
　　　　（メルヘンアート）各2個、
　　　　丸カン 直径0.5cm 各2個、テグス
【サイズ】モチーフの大きさ　幅3cm、高さ3.5cm

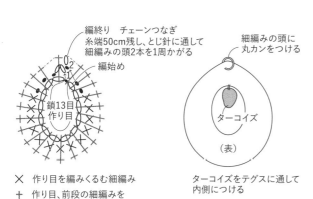

× 作り目を編みくるむ細編み
† 作り目、前段の細編みを
　編みくるむ細編み

ターコイズをテグスに通して
内側につける

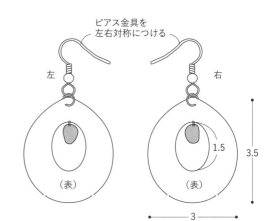

細編みのかがり方

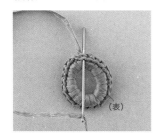

1 編終りの糸端を50cm残し、とじ針に通して、細編みの頭2本に手前から針を入れます。

2 糸を引き出したら、右隣の目に*1*と同様に手前から針を入れます。

3 *2*を繰り返して1周かがります。

O アクセサリーバッグ　→p.23

【編み方】糸は1本どりで編みます。
本体は鎖編みの作り目をして編み始めます。1段めの細編みは、作り目の半目と裏山を拾って編みます。反対側は作り目の鎖半目を拾って編みます。続けて、模様編みを輪に12段編みます。続けて、減らしながら編みます。ひもを編み、ひも先にコードキャップを取りつけます。本体の指定位置にひもを通して結びます。

【糸】メルヘンアート マニラヘンプヤーン（20g玉巻き）
　　　ブラック（510）30g
【針】5/0号、6/0号かぎ針
【その他】コードキャップ［6mm／G1175］（メルヘンアート）1組み
【ゲージ】細編み　20目が10cm、3段が2cm
　　　　　模様編み　2模様が5.5cm、6段が7cm
【サイズ】幅11.5cm、深さ20cm（ひもを除く）

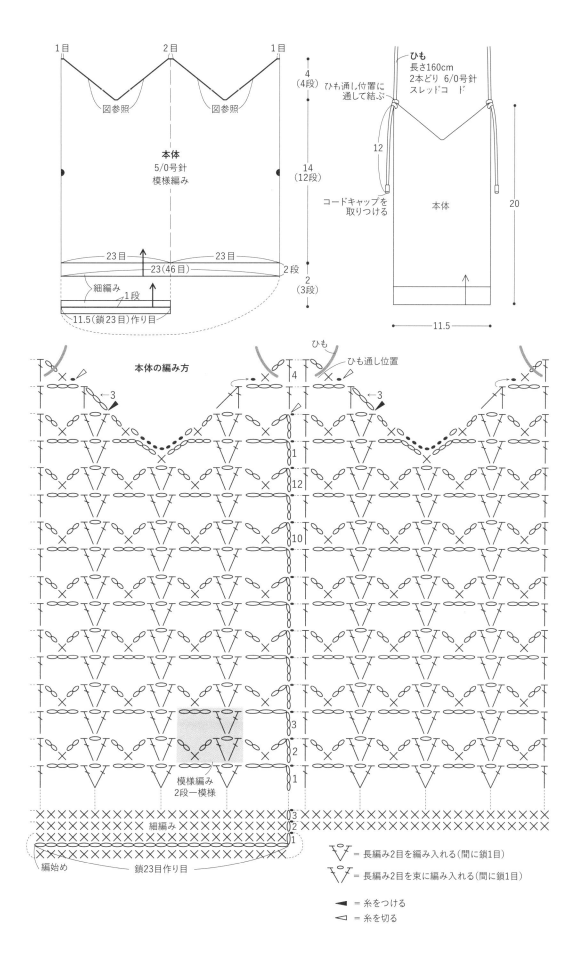

本体
5/0号針
模様編み

1目　　2目　　1目

図参照　　図参照

4（4段）

14（12段）

23目　　23目
23（46目）　2段

細編み　1段

11.5（鎖23目）作り目

ひも
長さ160cm
2本どり 6/0号針
スレッドコード

ひも通し位置に
通して結ぶ

12

コードキャップを
取りつける

本体

20

11.5

本体の編み方

ひも

ひも通し位置

4

1

12

10

3

2

1

模様編み
2段一模様

3
2
1

細編み

編始め　　鎖23目作り目

= 長編み2目を編み入れる（間に鎖1目）

= 長編み2目を束に編み入れる（間に鎖1目）

= 糸をつける

= 糸を切る

L バケットバッグ →p.20

【糸】メルヘンアート マニラヘンプヤーン（20g玉巻き）
　　　ミルク（511）110g、オレンジ（496）60g
【針】6/0号かぎ針
【その他】楕円モチーフ［10×20cm・穴数40／MA2507］
　　　　　（メルヘンアート）1枚
【ゲージ】細編み（2本どり）　16.5目18段が10cm四方
【サイズ】幅20cm、奥行き10cm、深さ23.5cm

【編み方】本体は2本どり、持ち手は1本どりで、指定の配色で編みます。楕円モチーフに糸をつけて編み始めます。1周80目を拾って、細編みを輪に編みます。持ち手は鎖編み28目を作り目して編み、次段は鎖半目と裏山を拾って、1本どりで細編みを編みますが、残りの1本を編みくるみます（写真参照）。図のように減らしながら編みます。持ち手の作り目と最終段の頭2本ずつをすくって巻きかがりをします。

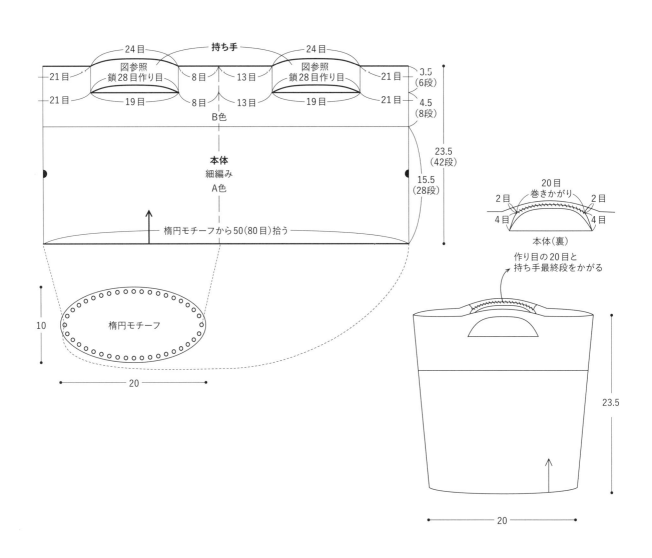

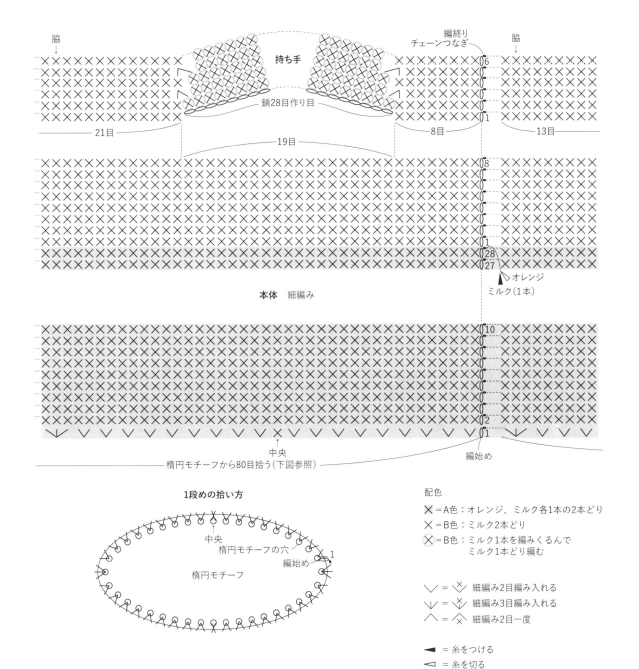

脇　　　　　　　　　　　　　　　　　　編終り　　　　脇
　　　　　　　　　　　　　持ち手　　　　チェーンつなぎ

鎖28目作り目

―21目―　　　　　　　　―19目―　　　　　―8目―　　―13目―

本体　細編み

オレンジ
ミルク(1本)

中央
楕円モチーフから80目拾う(下図参照)　　　　編始め

1段めの拾い方

中央
楕円モチーフの穴
編始め
楕円モチーフ

配色

✕ = A色：オレンジ、ミルク各1本の2本どり

✕ = B色：ミルク2本どり

⊗ = B色：ミルク1本を編みくるんで
　　　　ミルク1本どり編む

∨ = 細編み2目編み入れる

∨ = 細編み3目編み入れる

∧ = 細編み2目一度

◀ = 糸をつける

◁ = 糸を切る

持ち手の編み方

※写真では、わかりやすいように糸の色を替えています。

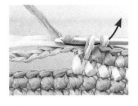

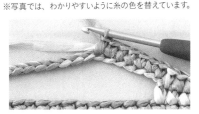

1 持ち手の鎖編みの1目手前の目を引き抜くときに1本のみを引き出します。残りの1本は切らずに残します。

2 持ち手の鎖編みの鎖半目と裏山にかぎ針を入れます。

3 糸を針にかけて引き出し、*1*で残した1本を編みくるんで細編みを編みます。

4 *2*、*3*を繰り返して、1本どりで編みます。

M フラグメントケース →p.21

【糸】メルヘンアート マニラヘンプヤーン（20g玉巻き）
　　マスタード（521）45g
【針】5/0号かぎ針
【その他】コンチョボタンアンティーク［直径2cm ／ AC315 ／ AS］
　　（メルヘンアート）1個
【ゲージ】細編み　20目17段が10cm四方
　　　　模様編み　20目12.5段が10cm四方
【サイズ】図参照

【編み方】糸は1本どりで編みます。
本体、ポケットはそれぞれ鎖編みの作り目をして編み始めます。1段めの細編みは、作り目の半目と裏山を拾って編みます。ループを編み、糸端を本体の指定位置に固結びします。コンチョボタンを指定位置につけます。本体にポケットをはさんで折り、表側から縁編みを編んでとじます。

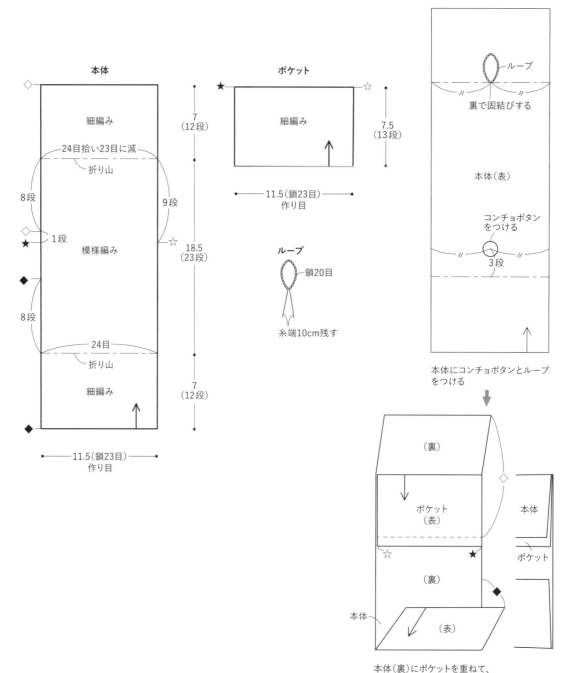

本体

細編み

24目拾い23目に減
折り山

8段　　　　　　9段

1段

模様編み

8段

24目
折り山

細編み

7（12段）

18.5（23段）

7（12段）

11.5（鎖23目）
作り目

ポケット

細編み

7.5（13段）

11.5（鎖23目）
作り目

ループ

鎖20目

糸端10cm残す

ループ
裏で固結びする

本体（表）

コンチョボタン
をつける
3段

本体にコンチョボタンとループ
をつける

（裏）

ポケット
（表）

本体

ポケット

（裏）

本体

（表）

本体（裏）にポケットを重ねて、
合い印どうしを合わせて上下を折る

64

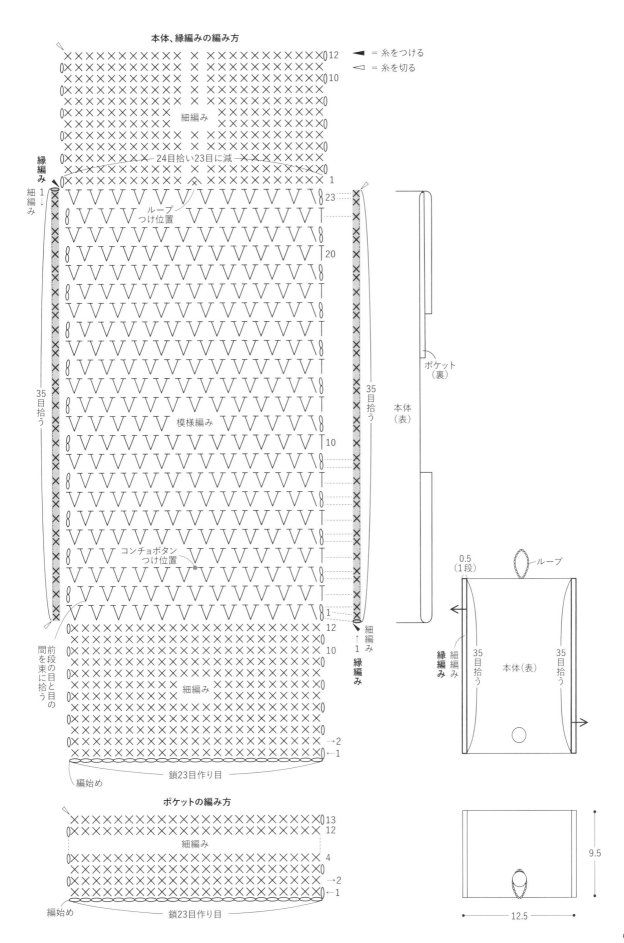

本体、縁編みの編み方

= 糸をつける
= 糸を切る

縁編み 細編み 1

24目拾い23目に減

細編み

ループ つけ位置

35目拾う

模様編み

コンチョボタン つけ位置

前段の目と目の 間を束に拾う

細編み

鎖23目作り目

編始め

細編み 1 縁編み

35目拾う

本体（表）

ポケット （裏）

0.5 (1段)

ループ

縁編み 細編み

35目拾う

本体（表）

35目拾う

ポケットの編み方

細編み

鎖23目作り目

編始め

9.5

12.5

N ネットバッグ →p.22

【糸】メルヘンアート マニラヘンプヤーン スティン（20g玉巻き）
　　ちょうじ（542）100g
　　マニラヘンプヤーン（20g玉巻き）
　　ブラック（510）15g
【針】5/0号かぎ針
【ゲージ】模様編み　23.5目9段が10cm四方
　　　　　細編み　　20目が10cm、10段が6cm
【サイズ】幅30cm、深さ30cm（持ち手を除く）

【編み方】糸は1本どりで指定の配色で編みます。
本体は鎖編みの作り目をして編み始めます。1段めの長編みは、作り目の半目と裏山を拾って編みます。反対側は鎖半目を拾って編みます。続けて、模様編みを輪に編みます。図のように減らしながら編みます。持ち手は3か所に糸をつけて同様に編みます。持ち手の合い印どうしを巻きかがりで合わせます。持ち手カバーは、糸端を1m残し、鎖編みの作り目をして編み始めます。細編みを往復に10段編みます。続けて、段から拾って10目編み、糸を切ります。反対側は編み始めに残した糸で編みます。持ち手にかぶせて巻きかがりで合わせます。

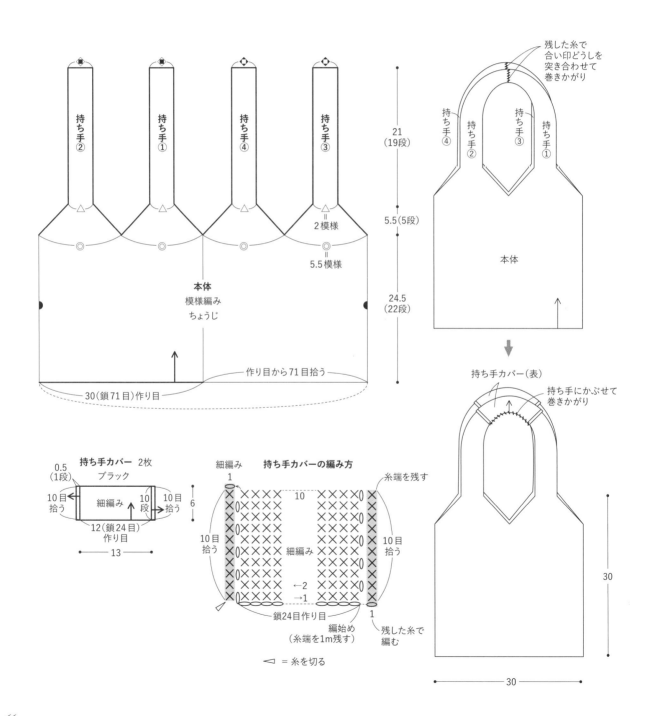

66

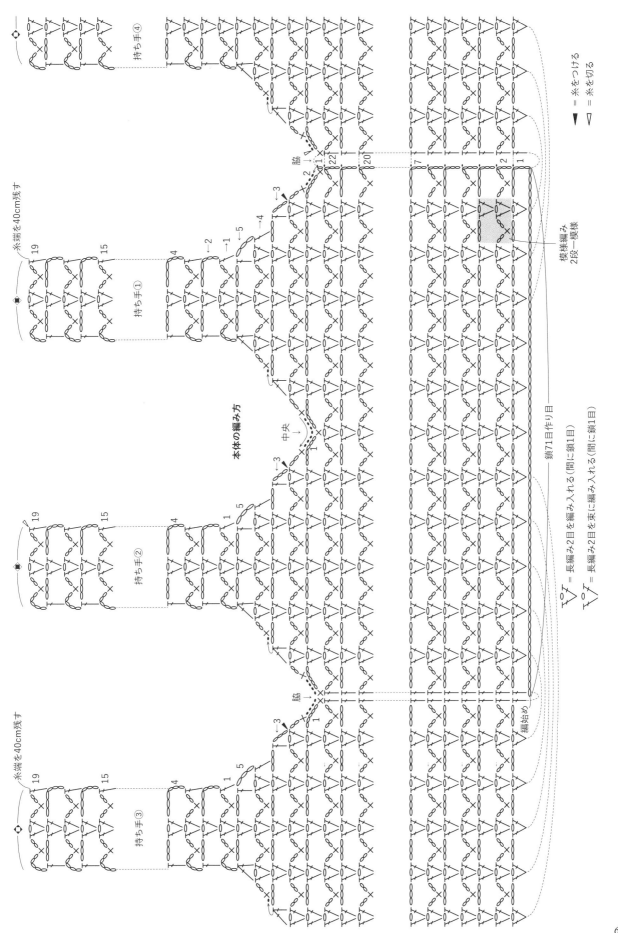

持ち手④

本体の編み方

持ち手①

持ち手②

持ち手③

中央 →

脇

脇

糸端を40cm残す

糸端を40cm残す

模様編み
2段一模様

鎖71目作り目

編始め

▼ = 糸をつける

▽ = 糸を切る

$\overset{\curvedarrowleft}{V}$ = 長編み2目を編み入れる（間に鎖1目）

$\overset{\curvedarrowleft}{V}$ = 長編み2目を束に編み入れる（間に鎖1目）

P がま口ポーチ →p.24

→p.24

【糸】p.24：メルヘンアート マニラヘンプヤーン スティン（20g玉巻き）
　　　　ちょうじ（542）25g、
　　　　マニラヘンプヤーン（20g玉巻き）
　　　　ホワイト（500）30g
　　　p.25：メルヘンアート マニラヘンプヤーン（20g玉巻き）
　　　　ストロー（507）25g、ブラック（510）30g
【針】5/0号かぎ針
【その他】p.24：くし型がまぐち口金［幅約15cm／F10］
　　　　（角田商店）1個
　　　　p.25：くし型がまぐち口金［幅約15cm・カン付／F14］
　　　　（角田商店）1個、本革ショルダーひも［長さ120cm／
　　　　G1139］（メルヘンアート）1本
　　　手芸用ボンド
【ゲージ】模様編み（縞）　10模様12段が10cm四方
【サイズ】幅17cm、まち4cm、深さ11.5cm

【編み方】糸は1本どりで指定の配色で編みます。
底から鎖編みの作り目をして編み始めます。1段めの細編みは、作り目の半目と裏山を拾って編みます。反対側は作り目の鎖半目を拾って編みます。増しながら編みます。続けて、側面の細編みと模様編み（縞）を輪に編みます。糸は切らずに立上りで編みくるみます。さらに続けて、細編みを編みますが、両脇で減らしながら編みます。入れ口に口金を取りつけます。p.25は口金のカンにショルダーひもをつけます。

配色

	a色	b色
p.24	ちょうじ	ホワイト
p.25	ストロー	ブラック

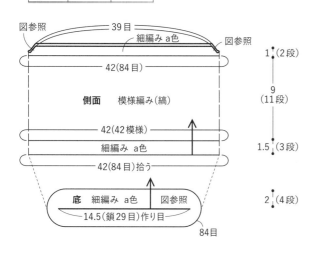

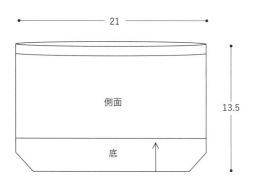

1 口金に手芸用ボンドを入れ、爪楊枝などで均等に伸ばし、編み地の両脇から目打ちなどを使用して奥まで差し込みます。

2 編み地が動かないようにクリップ等で固定して、ボンドが乾いたら、口金の両脇をペンチでかしめます（ペンチが金属の場合は、当て布をします）。

口金のつけ方

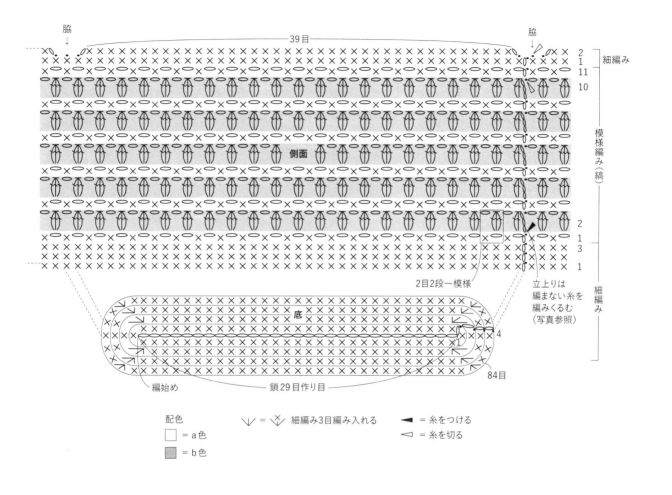

脇　　　　　　　　　39目　　　　　　　　脇

側面

底

2目2段一模様

立上りは
編まない糸を
編みくるむ
（写真参照）

細編み

模様編み（縞）

細編み

編始め　　　鎖29目作り目　　　　　84目

配色
□ = a色
▨ = b色

↓↓ = ↓×↓ 細編み3目編み入れる
◀ = 糸をつける
◁ = 糸を切る

立上りの編みくるみ方（編まない糸を編みくるむ方法）

1 側面の細編みの最後の引抜き編みで、b糸を針にかけて引き出します。このときa糸の下から針を入れます。

2 引き出したところ。a糸は編み地の上に渡っています。

3 a糸を編みくるんで、鎖1目を編みます。

4 a糸を上に渡します。

5 a糸を編みくるんで、鎖1目を編みます。

6 a糸を上に渡します。

7 a糸を編みくるんで、鎖1目を編みます。

8 a糸を編みくるみながら、b糸で立上りの鎖3目が編めました。a糸は表から見えません。

Q リングハンドルバッグ →p.26

【糸】メルヘンアート マニラヘンプヤーン (20g 玉巻き)
　　　コーヒー (513) 60g
【針】5/0号かぎ針
【その他】ラタンリング [外径12cm／RW0141] (メルヘンアート) 1組み
【ゲージ】細編み　20目が10cm、5段が3cm
　　　　　模様編み　1模様8目が4cm、3段が3cm
【サイズ】幅22cm、深さ27cm (持ち手を除く)

【編み方】糸は1本どりで編みます。
本体は鎖編みの作り目をして編み始めます。1段めの細編みは作り目の半目と裏山を拾って編みます。反対側は鎖半目を拾って編みます。続けて，横樺編みを輪に編みます。さらに続けて細編みを編みます。持ち手通しは鎖編みの作り目をして編み始め、1段めの細編みは作り目の半目と裏山を拾って編みます。本体の表側の指定位置に巻きかがりでつけます。二つ折りにして持ち手をはさみ、本体の裏側にまつります。

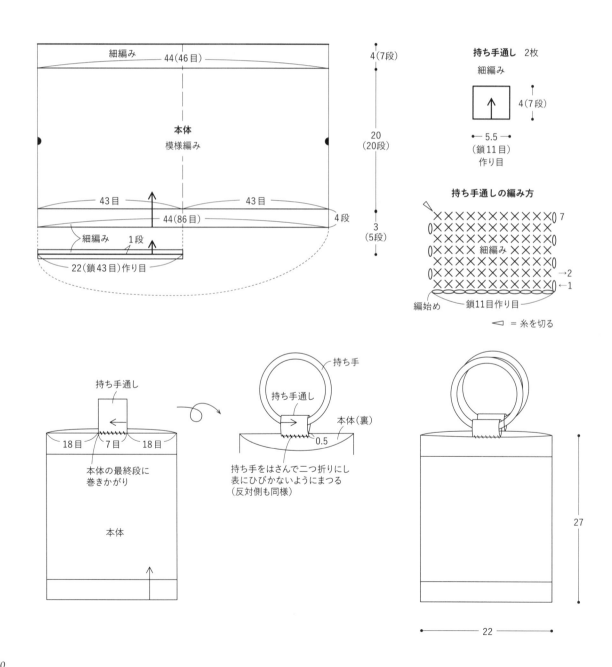

本体の編み方

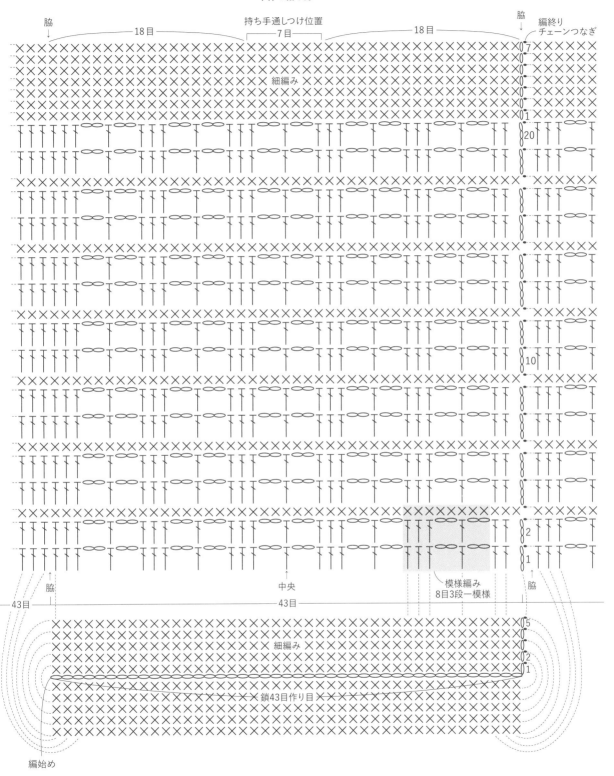

脇
18目
持ち手通しつけ位置
7目
18目
脇
編終り
チェーンつなぎ

細編み

20

10

中央
模様編み
8目3段一模様
脇

脇
43目
43目

細編み

鎖43目作り目

編始め

R シェル模様のクラッチ →p.27

【糸】メルヘンアート マニラヘンプヤーン（20g玉巻き）
　　　フォレスト（515）45g
　　　マニラヘンプヤーン スティン（20g玉巻き）
　　　ちょうじ（542）30g
【針】5/0号、4/0号かぎ針
【その他】リングハンドル［外径10cm／G1111／2個入り］
　　　　（メルヘンアート）1個、
　　　　長さ25cmのファスナー　1本、手縫い糸
【ゲージ】細編み　20目が10cm、5段が2.5cm
　　　　模様編み（縞）　22目12段が10cm四方
【サイズ】幅25cm、深さ19cm（リングハンドルを除く）

【編み方】糸は1本どりで、指定号数で指定の配色で編みます。
本体は鎖編みの作り目をして編み始めます。1段めの細編みは、作り目の半目と裏山を拾って編みます。反対側は鎖半目を拾って編みます。模様編み（縞）を輪に編みます。続けて細編みを編みます。持ち手通しは、鎖編みの作り目をして編み始め、作り目の半目と裏山を拾って細編みを編みます。入れ口にファスナーを仮どめし、手縫い糸を用いて返し縫いでつけます。持ち手通しを二つ折りにし、リングハンドルを通して本体の指定位置にとじつけます。

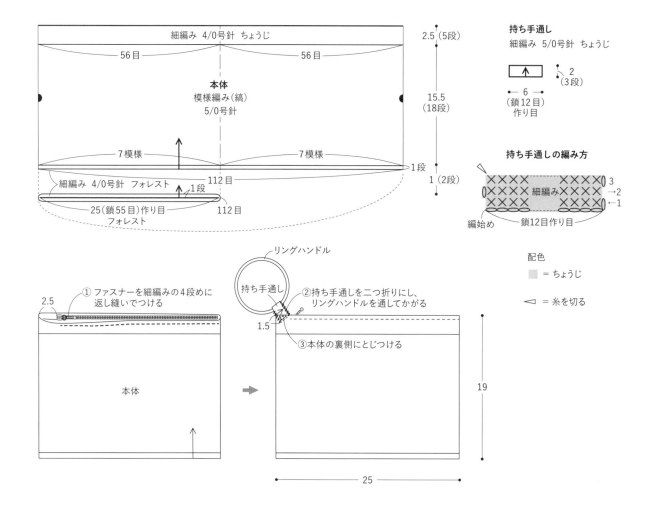

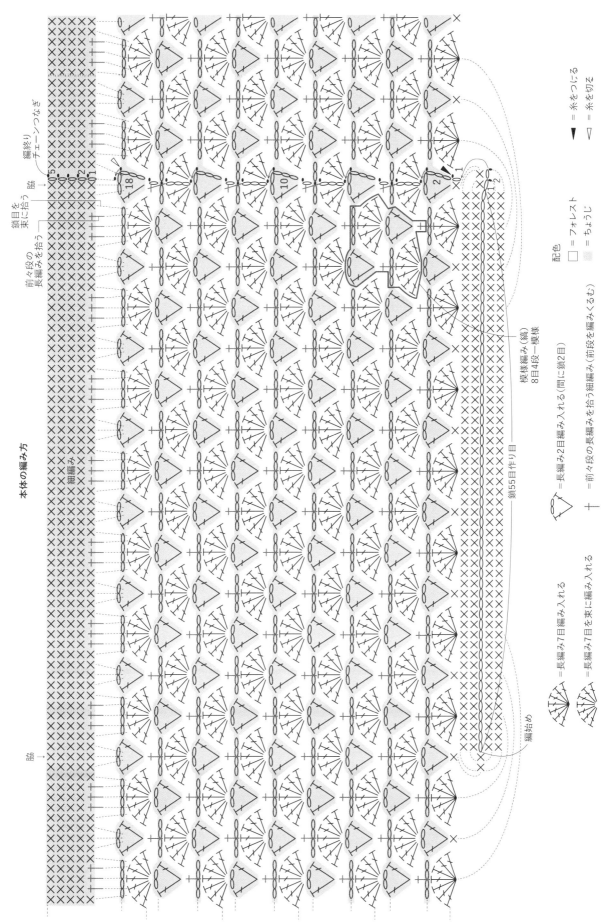

本体の編み方

脇 →

脇 →

細編み

編終り
チェーンつなぎ

鎖目を
束に拾う

前々段の
長編みを拾う

編始め

鎖55目作り目

模様編み（縞）
8目4段一模様

配色
□ ＝フォレスト
▨ ＝ちょうじ

━ ＝糸をつける
◁ ＝糸を切る

= 長編み2目編み入れる（間に鎖2目）

＋ = 前々段の長編みを拾う細編み（前段を編みくるむ）

= 長編み7目編み入れる

= 長編み7目を束に編み入れる

73

S キーケース →p.28

【糸】メルヘンアート マニラヘンプヤーン (20g玉巻き)
　　　ブラック (510) 20g
【針】5/0号かぎ針
【その他】キーケース金具 [幅3.5cm／G1092] 1個、
　　　　　マグネットホック (足つき) [直径1.4cm／G1088] 1組み、
　　　　　Dカン [幅21mm] 1個 (すべてメルヘンアート)
【ゲージ】細編み　20目15段が10cm四方
【サイズ】幅10cm

【編み方】糸は1本どりで編みます。
本体は輪の作り目をして編み始め、細編みを図のように編みます。縁編みは糸をつけて本体から拾って編みますが、細編みの2段めの指定位置でDカンを編みくるみます。3段めは引抜き編みを編みます。表側に引抜き編みを編みます。口布は鎖編みの作り目をして編み始め、1段めは作り目の半目と裏山を拾って細編みを編みます。両端で増しながら編みます。口布にマグネットホックを取りつけ、本体と口布を外表に合わせて周囲をかがります。キーケース金具とマグネットホックを本体の指定位置に取りつけます。当て布を輪の作り目で編み、マグネットホックの裏にとじつけます。

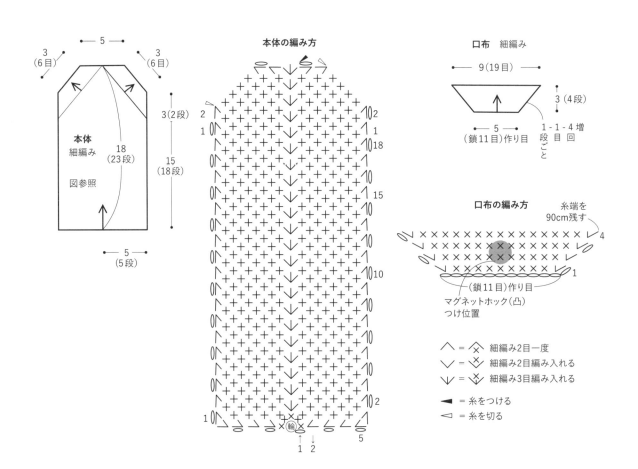

Dカンの編みくるみ方

※編み地の裏側にDカン (口金など) をつける場合は、1で編み地の向う側にDカンを置きます。

1　編み地の手前にDカンをのせて、Dカンと前段の細編みに針を入れて細編みを編みます。

2　Dカンを編みくるみながら細編みが1目編めたところ。

3　繰り返して6目編みます。

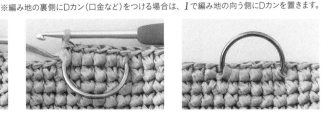

4　Dカンを編みくるんで細編み6目が編めました。

縁編み　図参照

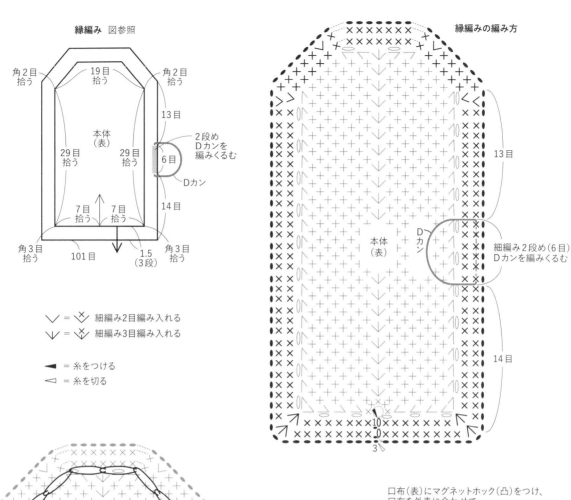

縁編みの編み方

角2目拾う　19目拾う　角2目拾う

13目

2段め
Dカンを
編みくるむ

Dカン

本体（表）

29目拾う　29目拾う

7目拾う　7目拾う

14目

角3目拾う　101目　1.5（3段）　角3目拾う

細編み2段め（6目）
Dカンを編みくるむ

本体（表）

Dカン

10　0　3

∨ = 細編み2目編み入れる

∨ = 細編み3目編み入れる

◀ = 糸をつける

◁ = 糸を切る

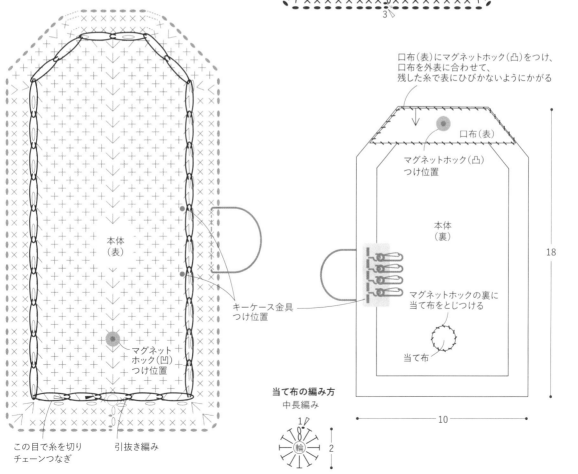

口布（表）にマグネットホック（凸）をつけ、
口布を外表に合わせて、
残した糸で表にひびかないようにかがる

口布（表）

マグネットホック（凸）
つけ位置

本体（表）

キーケース金具
つけ位置

本体（裏）

18

マグネット
ホック（凹）
つけ位置

マグネットホックの裏に
当て布をとじつける

当て布

この目で糸を切り
チェーンつなぎ

引抜き編み

当て布の編み方
中長編み

1
輪
2

10

75

T ばね口ポーチ →p.29

Sはショート、Lはロング、指定以外は共通
【糸】メルヘンアート マニラヘンプヤーン（20g玉巻き）
　S：ダリア（529）10g、ストロー（507）7g
　L：ストロー（507）17g、ミルク（511）8g
【針】5/0号かぎ針
【その他】バネ口金［1.5×8.6cm／F324］（角田商店）各1個
【ゲージ】細編み　21.5目が10cm、12段が7cm
【サイズ】図参照

【編み方】糸は1本どりで指定の配色で編みます。
本体は鎖編みの作り目をして編み始めます。1段めは作り目の半目と裏山を拾って編みます。細編みを12段編みます。糸をつけて細編みを1周編み、糸端をSは40cm、Lは100cm残して切ります。口金を巻きかがりでつけます。縁編みで残した糸で片側の脇をはぎ合わせます。反対側は糸をつけて同様にはぎ合わせます。

Sはショート、Lはロング
指定以外は共通

配色

	a色	b色
S	ダリア	ストロー
L	ストロー	ミルク

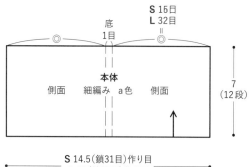

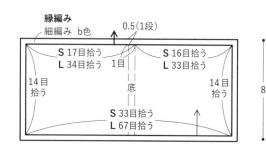

本体、縁編みの編み方

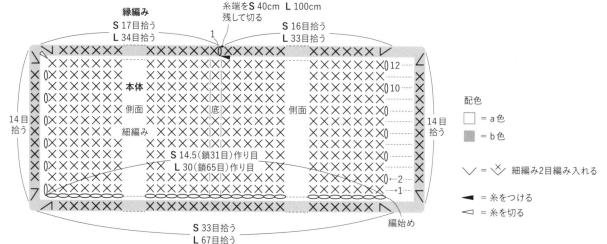

配色
□ = a色
▨ = b色
∨ = ⋉ 細編み2目編み入れる
◀ = 糸をつける
◁ = 糸を切る

口金をつける

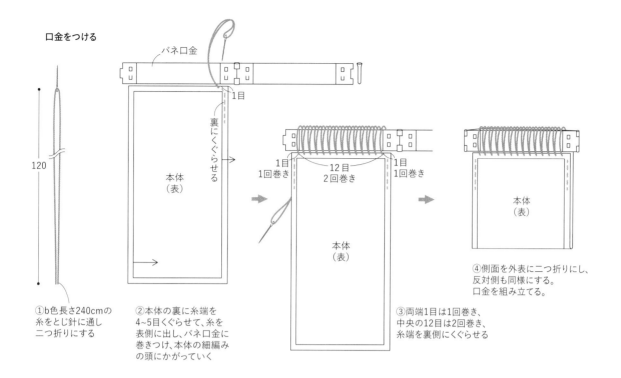

バネ口金

1目

裏にくぐらせる

本体（表）

①b色長さ240cmの糸をとじ針に通し二つ折りにする

②本体の裏に糸端を4~5目くぐらせて、糸を表側に出し、バネ口金に巻きつけ、本体の細編みの頭にかがっていく

1目1回巻き

12目2回巻き

1目1回巻き

本体（表）

③両端1目は1回巻き、中央の12目は2回巻き、糸端を裏側にくぐらせる

本体（表）

④側面を外表に二つ折りにし、反対側も同様にする。口金を組み立てる。

脇をとじる

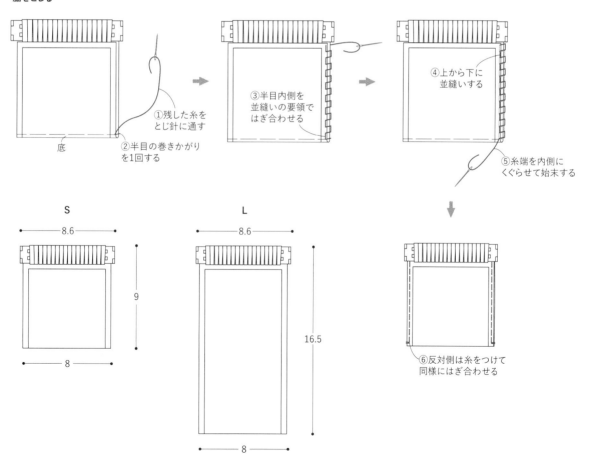

①残した糸をとじ針に通す

②半目の巻きかがりを1回する

底

③半目内側を並縫いの要領ではぎ合わせる

④上から下に並縫いする

⑤糸端を内側にくぐらせて始末する

⑥反対側は糸をつけて同様にはぎ合わせる

S

8.6

9

8

L

8.6

16.5

8

U ハンドバッグ → p.30

【糸】メルヘンアート マニラヘンプヤーン（20g玉巻き）
　　　ラズベリー（516）95g
【針】5/0号かぎ針
【その他】ヒネリ金具 [3×1.8cm／G1096] 1組、
　　　　Dカン [幅21mm] 2個（すべてメルヘンアート）
【ゲージ】細編み　20目20段が10cm四方
　　　　模様編み　23目18.5段が10cm四方
【サイズ】幅21.5cm、深さ15cm（持ち手を除く）

【編み方】糸は1本どりで編みます。
本体、持ち手、金具パーツはそれぞれ鎖編みの作り目をして編み始めます。1段めの細編みは、作り目の半目と裏山を拾って編みます。サイドは輪の作り目をして編み始め、増しながら編みます。本体とサイドを外表に細編みではぎ合わせます。本体に糸をつけて入れ口を細編みで輪に編みますが、ヒネリ金具つけ位置を図のように編みます。Dカンを指定位置（裏側）に編みくるみます。ヒネリ金具を取りつけ、金具パーツをとじつけます。Dカンに持ち手をつけます。

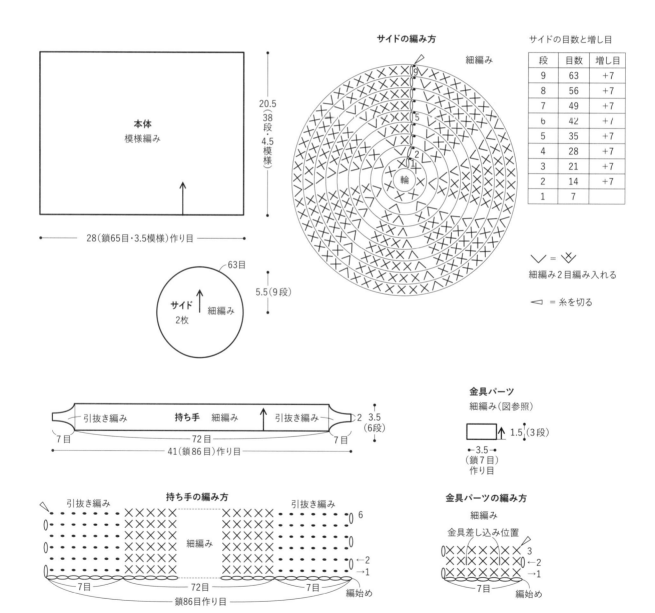

サイドの編み方

細編み

サイドの目数と増し目

段	目数	増し目
9	63	+7
8	56	+7
7	49	+7
6	42	+7
5	35	+7
4	28	+7
3	21	+7
2	14	+7
1	7	

∨ = ⋎
細編み2目編み入れる

◁ = 糸を切る

本体
模様編み

20.5（38段・4.5模様）

28（鎖65目・3.5模様）作り目

63目
サイド
2枚　細編み
5.5（9段）

引抜き編み　**持ち手**　細編み　引抜き編み　2　3.5（6段）
7目　　72目　　7目
41（鎖86目）作り目

持ち手の編み方

引抜き編み　　細編み　　引抜き編み　6
←2
→1
7目　　72目　　7目
鎖86目作り目　　編始め

金具パーツ
細編み（図参照）
1.5（3段）
3.5（鎖7目）作り目

金具パーツの編み方
細編み
金具差し込み位置
3
←2
→1
7目　　編始め

78

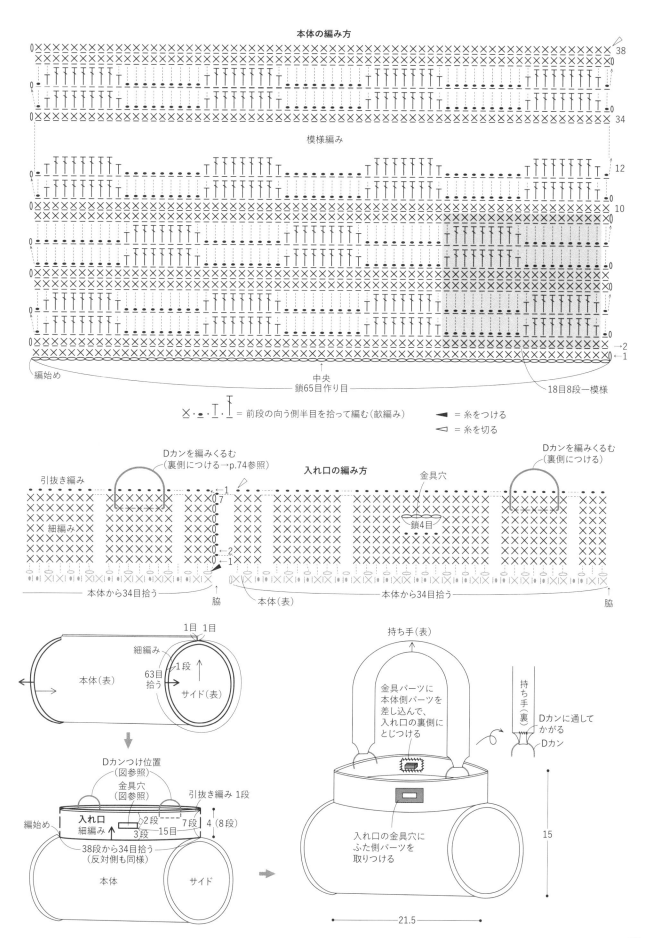

本体の編み方

38

34

模様編み

12

10

18目8段一模様

中央
鎖65目作り目

編始め

$\times \cdot \underline{\bullet} \cdot \overline{T} \cdot T$ = 前段の向う側半目を拾って編む（畝編み）

◀ = 糸をつける
◁ = 糸を切る

入れ口の編み方

Dカンを編みくるむ
（裏側につける→p.74参照）

Dカンを編みくるむ
（裏側につける）

引抜き編み

金具穴

細編み

鎖4目

本体から34目拾う

本体（表）

本体から34目拾う

脇

脇

1目 1目

細編み

1段↑

63目
拾う

本体（表）

サイド（表）

持ち手（表）

金具パーツに
本体側パーツを
差し込んで、
入れ口の裏側に
とじつける

持ち手（裏）

Dカンに通して
かがる
Dカン

Dカンつけ位置
（図参照）

金具穴
（図参照）

引抜き編み 1段

入れ口
細編み

2段
3段 15目 7段

4（8段）

編始め

38段から34目拾う
（反対側も同様）

本体

サイド

入れ口の金具穴に
ふた側パーツを
取りつける

15

21.5

作品デザイン・製作

LAGOON ラグーン　長井 萌

新潟県在住。かぎ針編みや棒針編みを用いたファッショナブルなニットアイテムを製作。極限まで引き算した「シンプルさ」を軸に、スタイリッシュなデザインと副資材使いに高い支持を得る。現在は湘南のセレクトショップDAISY'S DELIで作品を展示販売している。
[Instagram] @_lagoon.gi
[取扱店] DAISY'S DELI (@daisy_s_deli)

この本の作品はメルヘンアート マニラヘンプヤーンを使用しています。商品については、下記へお問い合わせください。

メルヘンアート
https://www.marchen-art.co.jp
TEL.03-3623-3760

[副資材の入手先]
植村 (INAZUMA)
https://www.inazuma.biz
info@inazuma.biz

角田商店
http://www.tsunodaweb.shop

ハマナカ
http://hamanaka.co.jp
info@hamanaka.co.jp

ブックデザイン　後藤美奈子
撮影　　　　　　市原慶子 (口絵)
　　　　　　　　安田如水 (プロセス／文化出版局)
スタイリング　　野崎未菜美
モデル　　　　　戸松美由希
DTP (p.38〜79)　文化フォトタイプ
校閲　　　　　　向井雅子
編集　　　　　　小林奈緒子
　　　　　　　　三角紗綾子 (文化出版局)

最旬クロッシェ小物

2023年5月6日　第1刷発行

著　者　　長井 萌
発行者　　清木孝悦
発行所　　学校法人文化学園 文化出版局
　　　　　〒151-8524
　　　　　東京都渋谷区代々木3-22-1
　　　　　TEL. 03-3299-2487 (編集)
　　　　　TEL. 03-3299-2540 (営業)
印刷・製本所　株式会社文化カラー印刷

文化出版局のホームページ
https://books.bunka.ac.jp/